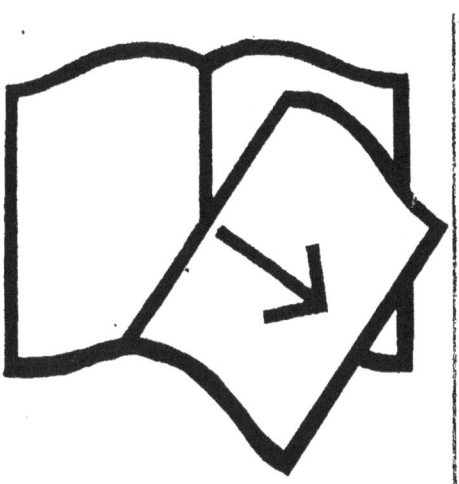

Couverture supérieure manquante

Original en couleur
NF Z 43-120-8

21094. — Imprimerie A. Lahure, rue de Fleurus, 9, à Paris.

LE
MAUVAIS GÉNIE

OUVRAGES DU MÊME AUTEUR

PUBLIÉS DANS LA BIBLIOTHÈQUE ROSE ILLUSTRÉE

PAR LA LIBRAIRIE HACHETTE ET Cⁱᵉ

Un bon petit diable; 1 vol. avec 100 gravures d'après H. Castelli.
Quel amour d'enfant! 1 vol. avec 79 grav. d'après É. Bayard.
Pauvre Blaise; 1 vol. avec 96 grav. d'après H. Castelli.
Mémoires d'un Âne; 1 vol. avec 75 grav. d'après H. Castelli.
Les vacances; 1 vol. avec 36 grav. d'après Bertall.
Les petites filles modèles; 1 vol. avec 21 grav. d'après Bertall.
Les malheurs de Sophie; 1 vol. avec 48 grav. d'après H. Castelli.
Les deux nigauds; 1 vol. avec 76 grav. d'après H. Castelli.
Les bons enfants; 1 vol. avec 70 grav. d'après Férogio.
Le général Dourakine; 1 vol. avec 100 grav. d'après É. Bayard.
L'auberge de l'Ange-Gardien; 1 vol. avec 75 grav. d'après Foulquier.
La sœur de Gribouille; 1 vol. avec 72 grav. d'après H. Castelli.
La fortune de Gaspard; 1 vol. avec 32 grav. d'après Gerlier.
Jean qui grogne et Jean qui rit; 1 vol. avec 70 grav. d'après H. Castelli.
François le Bossu; 1 vol. avec 114 grav. d'après É. Bayard.
Diloy le Chemineau; 1 vol. avec 90 grav. d'après H. Castelli.
Comédies et proverbes; 1 vol. avec 60 grav. d'après É. Bayard.
Le mauvais génie; 1 vol. avec 90 grav. d'après É. Bayard.
Après la pluie le beau temps; 1 vol. avec 128 grav. d'après É. Bayard.

Prix de chaque volume broché, 2 25
Relié en percaline rouge, tranches dorées, 3 50

Format in-8°, broché

La Bible d'une grand'mère, avec 30 gravures.............	10 »
Évangile d'une grand'mère, avec 30 gravures...........	10 »
Les Actes des Apôtres, avec 10 gravures...............	10 »

Évangile d'une grand'mère, édition classique, in-12, cart...	1 50
La santé des enfants, in-18 raisin, broché...............	0 50

33764. — Imprimerie LAHURE, 9, rue de Fleurus, à Paris.

LE
MAUVAIS GÉNIE

PAR

Mᵐᵉ LA COMTESSE DE SÉGUR

NÉE ROSTOPCHINE

OUVRAGE ILLUSTRÉ DE 90 VIGNETTES

PAR É. BAYARD

NOUVELLE ÉDITION

PARIS
LIBRAIRIE HACHETTE ET Cⁱᵉ
79, BOULEVARD SAINT-GERMAIN, 79

1896

Droits de traduction et de reproduction réservés

LE MAUVAIS GÉNIE

I

UNE DINDE PERDUE

BONARD.

Comment, polisson ! tu me perds mes dindons au lieu de les garder !

JULIEN.

Je vous assure, m'sieur Bonard, que je les ai pourtant bien soignés, bien ramassés ; ils y étaient tous quand je les ai ramenés des champs.

BONARD.

S'ils y étaient tous en revenant des champs, ils y seraient encore. Je vois bien que tu me fais des contes; et prends-y garde, je n'aime pas les négligents ni les menteurs. »

Julien baissa la tête et ne répondit pas. Il rentra les dindons pour la nuit, puis il alla puiser de l'eau pour la ferme; il balaya la cour, étendit les fumiers, et ne rentra que lorsque tout l'ouvrage fut fini. On allait se mettre à table pour souper. Julien prit sa place près de Frédéric, fils de Bonard.

Ce dernier entra après Julien.

BONARD, à *Frédéric*.

Où étais-tu donc, toi?

FRÉDÉRIC.

J'ai été chez le bourrelier, mon père, pour faire faire un point au collier de labour.

BONARD.

Tu es resté deux heures absent! Il y avait donc bien à faire?

FRÉDÉRIC.

C'est que le bourrelier m'a fait attendre; il ne trouvait pas le cuir qu'il lui fallait.

BONARD.

Fais attention à ne pas flâner quand tu vas en commission. Ce n'est pas la première fois que je te fais le reproche de rester trop longtemps absent. Julien a fait tout ton ouvrage ajouté au sien. Il a bien travaillé, et c'est pourquoi il va avoir son souper complet comme nous; autrement, il n'aurait eu que la soupe et du pain sec.

MADAME BONARD.

Pourquoi cela? Il n'avait rien fait de mal, que je sache.

BONARD.

Pas de mal? Tu ne sais donc pas qu'il a perdu une dinde, et la plus belle encore?

MADAME BONARD.

Perdu une dinde! Comment as-tu fait, petit malheureux?

JULIEN.

Je ne sais pas, maîtresse. Je les ai toutes ramenées, le compte y était. Frédéric peut le dire, je les ai comptées devant lui. N'est-il pas vrai, Frédéric?

FRÉDÉRIC.

Ma foi, je ne m'en souviens pas.

JULIEN.

Comment? Tu ne te souviens pas que je les ai comptées tout haut devant toi, et que les quarante-huit y étaient?

FRÉDÉRIC.

Écoute donc, je ne suis pas chargé des dindes, moi; ce n'est pas mon affaire, et je n'y ai pas fait attention.

MADAME BONARD.

Par où aurait-elle passé puisque tu n'as pas quitté la cour?

JULIEN.

Pardon, maîtresse, je me suis absenté l'espace d'un quart d'heure pour aller chercher la blouse de Frédéric, qu'il avait laissée dans le champ.

MADAME BONARD.

As-tu vu entrer quelqu'un dans la cour, Frédéric?

FRÉDÉRIC.

Je n'en sais rien ; je suis parti tout de suite avec le collier pour le faire arranger.

MADAME BONARD.

C'est singulier ! Mais tout de même, je ne veux pas que mes dindes se perdent sans que je sache où elles ont passé. C'est toi que cela regarde, Julien. Il faut que tu me retrouves ma dinde ou que tu me la payes. Va la chercher dans les environs, elle ne doit pas être loin. »

Julien se leva et courut de tous côtés sans retrouver la bête disparue. Il faisait tout à fait nuit quand il rentra ; tout le monde était couché. Julien avait le cœur gros ; il monta dans le petit grenier où il couchait. Une paillasse et une couverture formaient son mobilier ; deux vieilles chemises et une paire de sabots étaient tout son avoir. Il se mit à genoux, tirant de son sein une petite croix en cuivre qui lui venait de sa mère.

« Mon bon Jésus, dit-il en la baisant, vous savez qu'il n'y a pas de ma faute si cette dinde n'est plus dans mon troupeau ; faites qu'elle se retrouve, mon bon Jésus. Que la maîtresse et M. Bonard ne soient plus fâchés contre moi, et que Frédéric se souvienne que mes dindes y étaient toutes quand je les ai ramenées ! Je suis seul, mon bon Jésus ; je suis pauvre et orphelin, ne m'abandonnez pas ; vous êtes mon père et mon ami, j'ai confiance en vous. Bonne sainte Vierge, soyez-moi une bonne mère, protégez-moi. »

Julien baisa encore son crucifix et se coucha ; mais il ne s'endormit pas tout de suite ; il s'af-

Le lendemain, Julien fut levé des premiers. (Page 7.)

fligeait de paraître négligent et ingrat envers les Bonard, qui avaient été bons pour lui, et qui l'avaient recueilli quand la mort de ses parents l'avait laissé seul au monde.

De plus, il était inquiet de la disparition de cette dinde; il ne pouvait s'expliquer ce qu'elle était devenue, et il avait peur qu'il n'en disparût d'autres de la même façon.

Le lendemain il fut levé des premiers; il ouvrit les poulaillers, il éveilla Frédéric, qui couchait dans un cabinet de la maison, et remplit d'eau les seaux qui servaient à Mme Bonard pour les besoins du ménage.

Elle ne tarda pas à paraître.

MADAME BONARD.

Eh bien, Julien, as-tu retrouvé la dinde? Pourquoi n'es-tu pas venu donner réponse hier soir?

JULIEN.

Je n'ai rien trouvé, maîtresse, malgré que j'aie bien couru. Et je n'ai pas donné réponse parce que tout le monde était couché, et la maison était fermée quand je suis revenu.

MADAME BONARD.

Tu es donc rentré bien tard? C'est de ta faute aussi: si tu n'avais pas perdu une dinde, tu n'aurais pas eu à la chercher. Tâche que cela ne recommence pas; je veux bien te le pardonner une première fois, mais, si tu en perds encore, tu la payeras. »

Julien ne répondit pas. Que pouvait-il dire? Lui-même n'y comprenait rien. Il résolut de ne plus faire les commissions de Frédéric, et de ne plus quitter ses dindes jusqu'à ce qu'elles fussent rentrées pour la nuit; en attendant l'heure de les mener dans les champs, il fit son ouvrage comme d'habitude et une partie de celui de Frédéric, qui était toujours le dernier au travail.

II

DEUX DINDES PERDUES

La semaine se passa heureusement pour Julien, les dindes étaient au grand complet. Un soir, pendant que Julien curait l'étable des vaches, après avoir compté ses dindons en présence de Frédéric, ce dernier l'appela :

« Julien, va vite au moulin et rapporte-nous du son, il en faut pour les chevaux qui vont rentrer ; je n'en ai pas seulement une poignée.

JULIEN.

Pourquoi n'y as-tu pas été après dîner ? M. Bonard te l'avait dit.

FRÉDÉRIC.

Je n'y ai pas pensé ; j'avais les bergeries à nettoyer.

JULIEN.

Et pourquoi n'y vas-tu pas toi-même ? Moi aussi, j'ai mes étables à curer.

FRÉDÉRIC.

Ah bien! tu les finiras plus tard. Je suis pressé d'ouvrage; mon père m'attend.

JULIEN.

Je vais rentrer mes dindes et j'y vais.

FRÉDÉRIC.

Tu vas encore perdre du temps après tes dindes, je vais te les rentrer.

JULIEN.

Tu sais que mon compte y est; quarante-sept.

FRÉDÉRIC.

Oui, oui; prends vite une brouette pour ramener le sac de son. »

Julien hésita un instant; mais, prenant son parti, il saisit une brouette et partit en courant. Le moulin n'était pas loin. Une demi-heure après, Julien ramenait à Frédéric la brouette avec le son. Ses dindes étaient rentrées, il se remit à l'ouvrage; tout était fini quand Bonard ramena les chevaux.

BONARD.

As-tu rapporté du son, Frédéric ?

FRÉDÉRIC.

Oui, mon père; le sac est à l'écurie.

BONARD.

A-t-on fait bonne mesure ?

FRÉDÉRIC.

Oui, mon père, les deux hectolitres y sont grandement. »

Bonard entra à l'écurie avec Frédéric; il délia le

sac, et avant qu'il ait pu y mettre la main, un gros rat en sortit et se mit à courir dans l'écurie.

BONARD.

Qu'est-ce que c'est? Un rat! Comment un rat s'est-il niché dans le sac? Attrape-le; tue-le. »

Frédéric commença la chasse au rat, mais il le manquait toujours. Bonard appela Julien.

« Viens vite nous donner un coup de main, Julien, pour tuer un rat. »

Julien accourut avec son balai; il en donna un coup au rat, qui n'en courut que plus vite; un second coup l'étourdit. Bonard l'acheva d'un coup de talon.

JULIEN.

D'où vient-il donc, ce rat?

BONARD.

Il a sauté hors du sac. Comment y est-il entré? c'est ce que je demande à Frédéric.

FRÉDÉRIC.

Il y était sans doute avant qu'on ait mesuré le son.

BONARD.

C'est drôle tout de même! Comment s'y serait-il laissé enterrer sans essayer d'en sortir? »

Tout en parlant, Bonard mit les mains dans le sac pour en tirer du son. Il poussa une exclamation de surprise. Ce n'était pas du son, mais de l'orge qu'il retirait.

« Ah çà! Frédéric, dis donc, tu me rapportes de l'orge quand je demande du son. »

Frédéric, aussi étonné que son père, ne répondait pas; il regardait bouche béante.

BONARD.

Me répondras-tu, oui ou non? Tu me dis qu'il y a bonne mesure et tu fais mesurer de l'orge pour du son? »

Bonard était en colère; Julien, voulant éviter une semonce à Frédéric, répondit pour lui.

« Ce n'est pas la faute de Frédéric, m'sieur Bonard, c'est la mienne. Quand j'ai été au moulin, j'étais pressé; Frédéric m'avait dit de me bien dépêcher pour que vous trouviez le son en rentrant. Ils m'ont donné un sac préparé d'avance; il y en avait plusieurs; ils se seront trompés, ils m'ont donné de l'orge pour du son.

BONARD, *à Frédéric*.

Pourquoi as-tu envoyé Julien? Pourquoi n'y as-tu pas été toi-même? Pourquoi as-tu attendu jusqu'au soir?

FRÉDÉRIC, *embarrassé*.

J'avais de l'ouvrage, je n'ai pas trouvé le moment.

BONARD.

Et pourquoi est-ce Julien qui y a été? Tu as eu peur de te fatiguer, paresseux! Va vite reporter ce sac et demande du son.

FRÉDÉRIC.

Mais, mon père, on va souper. Je puis bien y aller après.

BONARD.

Tu iras tout de suite.... Entends-tu? »

Frédéric, obligé d'obéir à son père, y mit toute la mauvaise grâce possible; il marcha lentement, après avoir perdu du temps à chercher la brouette,

Bonard acheva le rat d'un coup de talon.

à trouver un sac vide, à le secouer, à reprendre le sac d'orge, à le charger sur la brouette. Julien voulut l'aider, mais Bonard l'en empêcha.

« Le voilà enfin en route, dit Bonard quand Frédéric fut parti. Et toi, Julien, je te défends à l'avenir de faire son ouvrage. Il devient paresseux, coureur; il s'est lié avec ce mauvais garnement Alcide, le fils du cafetier; je le lui ai défendu, mais il le voit tout de même, je le sais. Vient-il ici quand je n'y suis pas?

JULIEN.

Jamais, M'sieur. Depuis que M'sieur l'a chassé, il y a bientôt trois mois, il n'est pas venu une seule fois.

BONARD.

As-tu compté tes dindes ce soir? Y sont-elles toutes?

JULIEN.

Oui, M'sieur, elles y sont; j'en ai compté quarante-sept. C'est Frédéric qui les a rentrées pendant que j'étais au moulin pour avoir du son.

BONARD.

Je n'aime pas cet échange de travail; c'était à toi de rentrer tes dindes, et Frédéric devait aller lui-même au moulin. Je te répète qu'à l'avenir je veux que chacun fasse son ouvrage; tous ces mélanges et complaisances n'amènent rien de bon; il en résulte que les uns n'en font pas assez et que les autres en font trop.

JULIEN.

Je suis bien fâché de vous avoir mécontenté, M'sieur; je croyais bien faire en obéissant au fils de

M'sieur, car je sais bien que je suis le dernier dans la maison de M'sieur qui a été si bon pour moi et qui m'a recueilli quand tout le monde me repoussait.

BONARD.

Écoute, Julien; si tu es reconnaissant du bien que je te fais, tu me le témoigneras en ne favorisant pas la paresse de Frédéric. C'est un défaut dangereux qui mène à beaucoup de sottises, et je veux que Frédéric reste bon sujet.

JULIEN.

Je vous obéirai, M'sieur; je sais que c'est mon devoir. »

Tout en causant, Bonard avait donné de l'avoine aux chevaux, pendant que Julien faisait la litière. Quand les chevaux furent servis et arrangés, Bonard rentra pour souper; Julien le suivit de près.

MADAME BONARD.

Ah! te voilà, mauvais garnement! Tu as encore perdu une dinde, et cette fois je ne te le passerai pas. Tu n'auras que de la soupe et du pain sec pour ton souper, et je te retiendrai le prix de la dinde sur les soixante francs que te donne Bonard pour ton entretien; ainsi, mon garçon, compte sur cinquante-six francs au lieu de soixante pour cette année. »

Julien était consterné. Toutes ses dindes y étaient (il en était bien certain) quand Frédéric l'avait envoyé au moulin, et personne n'avait pu ni les prendre ni les laisser courir,... excepté... Frédéric lui-même.

Julien raconta à Mme Bonard comment les choses s'étaient passées, comment c'était Frédéric qui s'était chargé de faire rentrer les dindes, de les enfermer, et que, bien certainement, les quarante-sept s'y trouvaient, puisqu'il les avait comptées devant Frédéric.

« C'est impossible, lui répondit Mme Bonard, puisque c'est moi, moi-même, qui ai trouvé les dindes abandonnées dans la cour, personne pour les garder et les rentrer; c'est moi qui les ai comptées, et je n'en ai trouvé que quarante-six.

— Frédéric m'avait pourtant bien promis de les rentrer tout de suite, répondit tristement Julien, et je suis sûr que c'est bien quarante-sept dindons que je lui ai remis avant d'aller au moulin. »

Bonard écoutait et paraissait contrarié.

« Écoute, ma femme, dit-il, attendons Frédéric pour éclaircir l'affaire, et, en attendant, donne à Julien son souper complet; il a expliqué la chose comme un honnête garçon, et il dit vrai, je te le garantis. C'est drôle tout de même que deux jeudis de suite il nous disparaisse une dinde et que Frédéric ne le voie pas.

MADAME BONARD.

Quoi donc? Que veux-tu dire? Quelle est ton idée? car tu en as une, je le vois bien.

BONARD.

Certainement, j'en ai une; peut-être est-elle bonne, peut-être mauvaise.

MADAME BONARD.

Mais quelle est-elle? Dis toujours.

BONARD.

Eh bien, je dis que le jeudi est la veille du vendredi.

MADAME BONARD, *riant.*

Voilà une idée neuve! nous n'avions pas besoin de toi pour faire cette découverte.

BONARD.

Oui, mais tu oublies que le vendredi est jour de marché à la ville; qu'on y vend des volailles, et qu'un mauvais sujet a bientôt fait de saisir une dinde, de l'étouffer et de l'emporter.

MADAME BONARD.

Ça, c'est vrai. Mais comment veux-tu qu'un étranger vienne jusque dans notre cour sans être vu, qu'il ait le temps de courir après les dindes et de faire son choix pour mettre la main sur la plus grasse, la plus belle?

BONARD.

C'est précisément là que j'ai mon idée : je te la dirai plus tard. Donne-nous à souper en attendant. »

La femme Bonard regarda son mari avec inquiétude; elle commençait à avoir une crainte vague de l'idée de son mari; elle se sentait troublée. Pourtant elle ne dit rien et commença les préparatifs du souper. Elle posa sur la table une terrine de soupe bien chaude et un plat de petit salé aux choux dont le fumet réjouit le cœur de Julien et lui fit vivement apprécier la bonté de son maître.

« Sans m'sieur Bonard, pensa-t-il, je n'aurais pas goûté de ces excellents choux et du petit salé, tout ce que j'aime! »

Frédéric rentra au moment où l'on se mettait à table. Il prit sa place accoutumée près de sa mère et mangea de bon appétit, mais sans parler, parce qu'il avait de l'humeur.

Au bout de quelques instants, surpris du silence général, il leva les yeux sur son père qui l'examinait attentivement, puis sur sa mère, dont la physionomie grave lui causa quelque appréhension. Il aurait bien voulu questionner Julien, mais on l'aurait entendu, et il ne voulait pas laisser deviner son inquiétude.

Quand le souper fut terminé, Frédéric se leva pour sortir; Bonard le retint.

« Reste là, Frédéric; j'ai à te parler. »

Frédéric se rassit.

BONARD.

Tu sais qu'il manque une dinde dans le troupeau de Julien?

FRÉDÉRIC, *troublé*.

Non, mon père; je ne le savais pas.

BONARD.

Julien t'en a donné le compte quand tu l'as envoyé en commission.

FRÉDÉRIC.

Je ne pense pas, mon père; je ne m'en souviens pas.

JULIEN.

Comment, tu as oublié que nous les avons comptées ensemble au retour des champs, et qu'avant de partir pour le moulin je t'ai répété que le troupeau était au complet, qu'il y en avait quarante-sept?

FRÉDÉRIC.

Je ne me le rappelle pas; je n'y ai seulement pas fait attention.

JULIEN.

C'est triste pour moi; c'est la seconde fois que tu oublies, et cela me donne l'air d'un menteur, d'un négligent et d'un ingrat vis-à-vis de M'sieur et de Mme Bonard.

BONARD.

Non, mon pauvre garçon, je ne te juge pas si sévèrement; depuis un an que tu es chez moi, tu m'as toujours servi de ton mieux, et je te crois un bon et honnête garçon.

JULIEN.

Merci bien, M'sieur; si je manque à mon service, ce n'est pas par mauvais vouloir, certainement.

BONARD.

Je reviens à Frédéric. Comment se fait-il que tu oublies deux fois de suite une chose aussi importante pourtant?

FRÉDÉRIC.

Mais, papa, je ne suis pas chargé des dindes; cela regarde Julien.

BONARD.

Je le sais bien: mais par intérêt pour lui, qui est si complaisant pour toi, tu aurais dû faire attention à ce qu'il te disait pour le compte de ses dindes. Et puis, comment se fait-il que les deux fois que Julien n'a plus son compte pendant que tu l'envoies en commission, je vois rôder autour de la ferme ce polisson d'Alcide que je t'avais défendu de fréquenter?

FRÉDÉRIC, *embarrassé*.

Je n'en sais rien; je ne le vois plus, vous le savez bien.

BONARD, *sévèrement*.

Je sais, au contraire, que tu continues à le voir malgré ma défense, et qu'on vous a vus ensemble bien des fois. Mais, écoute-moi. Tu sais que je n'aime pas à frapper. Eh bien, je te dis très sérieusement que je te punirai d'importance la première fois qu'on t'aura vu avec ce mauvais sujet. Je ne veux pas que tu fasses de mauvaises connaissances. Entends-tu? »

Frédéric baissa la tête sans répondre.

Bonard sortit pour faire boire ses chevaux. Julien aida Mme Bonard à laver la vaisselle, à tout mettre en place; Frédéric resta seul, pensif et troublé.

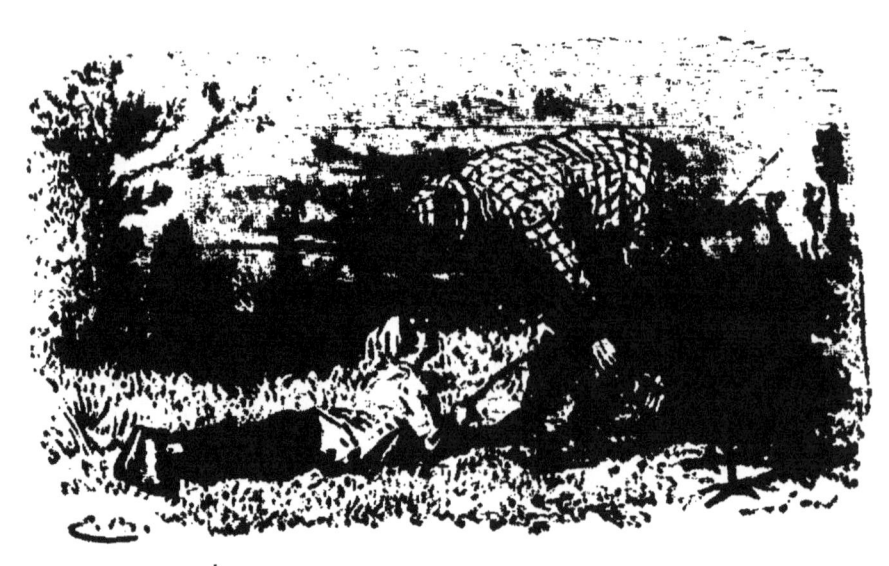

III

L'ANGLAIS ET ALCIDE

Peu de jours après, Julien était aux champs, faisant paître ses dindes, lorsqu'un homme qu'il ne connaissait pas s'approcha du troupeau et le regarda attentivement. Il s'approcha de Julien.

L'HOMME.

Eh! pétite! C'était à toi ces grosses hanimals?

— Non, M'sieur », répondit Julien, surpris de l'accent de l'étranger.

L'HOMME.

Pétite, jé voulais acheter ces grosses hanimals; j'aimais beaucoup les *turkeys*. »

Julien ne répondit pas : il ne comprenait pas ce que voulait cet homme qui parlait si mal le français.

L'ANGLAIS.

Eh! pétite! tu n'entendais pas moi?

JULIEN.

J'entends bien, M'sieur, mais je ne comprends pas.

L'ANGLAIS.

Tu comprénais pas, pétite nigaude? jé disais j'aimais bien les *turkeys*.

JULIEN.

Oui, M'sieur.

L'ANGLAIS.

Eh bien?

JULIEN.

Eh bien, M'sieur, je ne comprends pas.

L'ANGLAIS, *impatienté*.

Tu comprénais pas *turkeys*? Tu savoir pas parler, alors.

JULIEN.

Si fait, M'sieur; je parle bien le français, mais pas le turc.

L'ANGLAIS, *de même*.

Pétite himbécile! jé parlais français comme toi, jé parlais pas *turk*. Et jé té disais : jé voulais acheter ces grosses hanimals, ces grosses *turkeys*.

JULIEN, *riant*.

Ah! bien, je comprends, M'sieur appelle mes dindes des Turcs. Et M'sieur veut les avoir?

L'ANGLAIS.

Eh oui! pétite! Combien elles coûtaient?

JULIEN.

Elles ne sont pas à moi, M'sieur; je ne peux pas les vendre.

L'ANGLAIS.

Où c'est on peut les vendre?

« Tu comprenais pas, pétite nigaude? »

JULIEN.

A la ferme, M'sieur; Mme Bonard.

L'ANGLAIS.

Où c'est Madme Bonarde?

JULIEN.

Là-bas, M'sieur. Derrière ce petit bois, à droite, puis à gauche.

L'ANGLAIS.

Oh! moi pas connaître et moi pas trouver Madme Bonarde. Viens, pétite, tu vas montrer Madme Bonarde.

JULIEN.

Je ne peux pas quitter mes dindes, M'sieur. Il faut que je les fasse paître.

L'ANGLAIS.

Pêtre? Quoi c'est, pêtre?

JULIEN.

Paître, manger. Je ne les rentre que le soir.

L'ANGLAIS.

Moi, jé comprends pas très bien. Toi manger toutes les grosses *turkeys*? Aujourd'hui?

JULIEN.

Non, M'sieur.... Adieu, M'sieur. »

Et Julien, ennuyé de la conversation de l'Anglais, le salua et fit avancer les dindons; l'Anglais le suivit. Julien eut beau s'arrêter, marcher, aller de droite et de gauche, l'Anglais ne le quittait pas. Julien, un peu troublé de cette obstination, et craignant que cet étranger ne lui enlevât une ou deux de ses dindes, les dirigea du côté de la ferme pour appeler quelqu'un à son aide.

Au moment où il allait tourner au coin du petit

bois, il aperçut un jeune garçon qui en sortait, se dirigeant aussi vers la ferme.

Julien appela.

« Eh! par ici, s'il vous plaît! un coup de main pour rentrer plus vite mes dindes. »

Le garçon se retourna; Julien reconnut Alcide. Il regretta de l'avoir appelé. Alcide accourut près de Julien, et à son tour reconnut l'Anglais, qu'il salua.

ALCIDE.

Que me veux-tu, Julien? Tu ne m'appelles pas souvent, et pourtant je ne demande pas mieux que de t'obliger.

JULIEN.

Tu sais bien, Alcide, que mon maître nous défend, à Frédéric et à moi, de causer avec toi. Si je t'ai appelé aujourd'hui, c'est pour m'aider à ramener à la ferme mes dindes qui s'écartent; elles sentent que ce n'est pas encore leur heure.

ALCIDE.

Et pourquoi es-tu si pressé de les rentrer?

JULIEN.

Parce que je me méfie de cet homme qui s'obstine à me suivre depuis deux heures; je ne sais pas ce qu'il me veut. Je ne comprends pas son jargon.

ALCIDE.

C'est un brave homme, va; il ne te fera pas de mal, au contraire.

JULIEN.

Comment le connais-tu?

ALCIDE.

Il demeure tout proche de chez nous, la porte à côté. »

L'Anglais s'approcha.

« Bonjour, *good morning*, *my dear*, dit-il s'adressant à Alcide; jé voulais acheter ces grosses *turkeys*, et lé pétite, il voulait pas.

ALCIDE.

Attendez, Monsieur, je vais vous arranger cela. Dis donc, Julien, M. Georgey te demande une de tes dindes. Il t'en donnera un bon prix.

JULIEN.

Est-ce que je peux vendre ces dindes? Tu sais bien qu'elles ne sont pas à moi. Qu'il aille à la ferme parler à Mme Bonard, c'est elle qui vend les volailles. Je le lui ai déjà dit, et il s'obstine toujours à me suivre. Voilà pourquoi je t'ai appelé sans te reconnaître; j'avais peur qu'il ne m'emportât une de mes bêtes pendant que je poursuivais celles qui s'écartent.

ALCIDE.

Dis-moi donc, Julien, tu pourrais tout de même faire une fameuse affaire avec M. Georgey; il ne regarde pas à l'argent; il est riche, tu pourrais lui vendre une de tes dindes pour huit francs.

JULIEN.

D'abord, je t'ai dit que c'est Mme Bonard qui les vend elle-même; ensuite, quand je la lui vendrais huit francs, je ne vois pas ce que j'y gagnerais.

ALCIDE.

Comment, nigaud, tu ne comprends pas que, le prix d'une dinde étant de quatre francs, tu empocherais quatre francs et tu en donnerais autant à Mme Bonard?

JULIEN.

Mais ce serait voler, cela!

ALCIDE.

Pas du tout, puisqu'elle n'y perdrait rien.

JULIEN.

C'est vrai; mais, tout de même cela ne me semble pas honnête.

ALCIDE.

Tu as tort, mon Julien; je t'assure que tu as tort. Laisse-moi faire ton marché, tu ne t'en seras pas mêlé; c'est moi qui aurai tout fait, et nous partagerons le bénéfice. »

Julien réfléchit un instant; Alcide l'examinait avec inquiétude; un sourire rusé contractait ses lèvres.

ALCIDE.

Eh bien, te décides-tu?

— Oui, dit résolument Julien; je suis décidé, je refuse; je sens que ce serait malhonnête, puisque je n'oserais pas l'avouer à Mme Bonard.

ALCIDE.

Mais, mon Julien, écoute-moi.

JULIEN.

Laisse-moi; je ne t'ai que trop écouté, puisque j'ai hésité un instant.

ALCIDE.

Alors tu peux bien ramener ton troupeau sans moi; ce ne sera pas moi qui te viendrai en aide.

JULIEN.

Je ne te demande pas ton aide, je m'en tirerai

bien tout seul. Allons, en route, mes dindes, et ne nous écartons pas. »

Julien fit siffler sa baguette, les dindes se mirent en route ; l'Anglais, qui attendait à quelque distance le résultat de la négociation d'Alcide, ouvrit une grande bouche, écarquilla les yeux, et allait se mettre à la poursuite de Julien et de son troupeau, quand Alcide lui fit signe de ne pas bouger ; lui-même entra dans le fourré et se trouva en même temps que Julien au tournant du bois et près de la barrière. Profitant du moment où Julien quittait son troupeau pour ouvrir la barrière, il saisit une dinde qui était tout près du buisson où il se tenait caché, et l'entraîna vivement dans le fourré.

Puis, se glissant de buisson en buisson jusqu'à ce qu'il eût gagné l'endroit où l'avait quitté Julien, il sortit du bois et se retrouva en face de l'Anglais.

Celui-ci n'avait pas bougé ; il se tenait droit, immobile. Quand il vit venir Alcide avec la *grosse hanimal* sous le bras, il fit un *oh!* de satisfaction.

M. GEORGEY.

Combien que c'est, *my dear*?

ALCIDE.

Huit francs, Monsieur.

M. GEORGEY.

Oh! les autres c'était six.

ALCIDE.

Oui, Monsieur, mais Julien n'a pas voulu donner à moins de huit, parce que la bête a quinze jours de plus que les deux dernières que vous avez mangées, et qu'elle est plus grosse.

L'Anglais tira huit francs de sa poche, les mit dans la main d'Alcide, et caressa la dinde en disant :

« Jé croyais, moi, qué lé pétite est un pétite scélérate qui vend ses hanimals trop cher.... Portemoi mon *turkey*; il allait salir mon inexpressible.

ALCIDE.

Monsieur veut que je lui porte son dindon ?

L'ANGLAIS.

Yes, my dear.

ALCIDE.

Mais, M'sieur, c'est impossible, parce que je pourrais rencontrer quelqu'un de chez les Bonard, et qu'on pourrait croire que je l'ai volé.

L'ANGLAIS.

Jé né comprends pas très bien. Ça faisait rien, porte le *turkey*.

ALCIDE.

Je ne peux pas, M'sieur; on me verrait.

L'ANGLAIS.

— Pas si haut, *my dear*. Jé ne souis pas sourde. Jé té disais : Porte le *turkey*. Tu n'entendais pas ? »

Alcide chercha à lui faire comprendre pourquoi il ne pouvait le porter, et il profita d'un moment d'indécision de l'Anglais pour lui passer le dindon sous le bras et se sauver en courant.

L'Anglais, embarrassé de son dindon qui se débattait, le serra des deux mains pour l'empêcher de s'échapper. Le pauvre dindon, fortement comprimé, réalisa les craintes de son nouveau maître; il salit copieusement l'*inexpressible*, c'est-à-dire le pantalon de M. Georgey. Celui-ci fit un *oh!* indigné, ouvrit les mains d'un geste involontaire, et lâcha

L'Anglais embarrassé de son dindon.

le dindon, qui s'enfuit avec une telle vitesse, que l'Anglais désespéra de l'attraper. Il se borna à le suivre majestueusement de loin et à ne pas le perdre de vue. Il ne tarda pas à arriver à la barrière.

Pendant ce temps, Julien faisait rentrer son troupeau; Bonard était dans la cour.

« M'sieur, M'sieur, cria Julien en l'apercevant, je me presse de rentrer pour sauver mon troupeau.

BONARD.

Qu'est-ce qui t'arrive donc? As-tu fait quelque mauvaise rencontre?

JULIEN.

Je crois bien, M'sieur; un homme tout drôle, qui parle charabia, qui voulait absolument avoir mes dindes. Et puis, M'sieur, j'ai rencontré bien pis que ça : Alcide, qui allait du côté de la ferme, et que j'ai appelé pour m'aider à faire marcher mes bêtes.

BONARD.

Pourquoi l'as-tu appelé? je défends que vous lui parliez, toi et Frédéric.

JULIEN.

C'est que je ne l'ai pas reconnu, M'sieur; et puis, une fois qu'il m'a tenu, je ne pouvais plus le faire partir. »

Julien raconta à Bonard ce qui s'était passé entre lui et Alcide.

JULIEN.

J'ai eu un mauvais mouvement, M'sieur; comme une envie de faire ce que me conseillait Alcide.

BONARD.

Qu'est-ce qui t'a arrêté?

JULIEN.

C'est que j'ai pensé que si Monsieur et Madame le savaient, j'en serais honteux, et que si je faisais la chose, ce serait en cachette de M'sieur. Alors je me suis dit : « Prends garde, Julien ; ce que tu « n'oses pas montrer au grand jour n'est pas bon à « voir. Et si m'sieur Bonard, qui a été si bon pour « toi, te fait peur, c'est que tu mériterais châti-« ment. » Et j'ai vu que j'avais eu une méchante envie, et j'en ai eu bien du regret, M'sieur, bien sûr ; et je me suis dit encore que, pour me punir, je vous raconterais tout.

BONARD.

Tu as bien fait, Julien ; tu es un bon et honnête garçon. Mais compte donc tes dindes pour voir s'il ne t'en manque pas : il me semble avoir vu courir quelqu'un dans le bois il y a un instant.

— Oh ! M'sieur, elles y sont toutes ; je les comptais tout en marchant. »

Malgré l'assurance de Julien, Bonard fit le compte du troupeau.

BONARD.

Je n'en trouve que quarante-cinq, mon garçon. Il t'en manque une.

JULIEN, *étonné*.

Pas possible, M'sieur, puisque je viens de les compter en approchant de la barrière. »

Au moment où ils allaient recommencer leur compte, des piaulements se firent entendre ; ils virent un dindon qui cherchait à passer à travers les claires-voies de la barrière. Julien courut lui ouvrir et s'écria joyeusement :

« La voici, M'sieur, c'est notre dinde; elle a perdu des plumes et une partie de sa queue; c'est, bien sûr, la nôtre. Mais comment a-t-on fait pour me l'enlever, moi qui ne les ai pas quittées des yeux? »

Bonard prit la dinde, l'examina, la retourna de tous côtés, et ne vit rien qui pût faire connaître comment elle avait été prise sans que Julien ait pu voir le voleur. Il devina à peu près la vérité, mais il voulut s'en assurer avant d'en rien dire.

VI

RACLÉE BIEN MÉRITÉE

Au même instant, l'Anglais arriva et alla droit à Julien en se croisant les bras.

L'ANGLAIS.

Pétite, tu étais malhonnête ! »

Julien, surpris, resta muet et immobile.

L'ANGLAIS.

Pétite, tu étais oune malhonnête, tu volais mon turkey. »

Bonard s'approcha de l'Anglais.

« Que voulez-vous, Monsieur ? Pourquoi injuriez-vous Julien ?

L'ANGLAIS, *toujours les bras croisés.*

Juliène ! C'était Juliène, cette pétite ! *Very well....*

Juliène, tu étais une pétite malhonnête, une pétite voleur, une pétite... abomin'ble.

BONARD.

Ah çà ! Monsieur, aurez-vous bientôt fini vos injures ?

L'ANGLAIS.

Jé vous parlais pas, sir. Jé vous connaissais pas. Laissez-moi la tranquillité. Jé parlais au pétite ; il était une pétite gueuse, et jé voulais boxer lui.

BONARD.

Si vous y touchez, je vous donnerai de la boxe ; essayez seulement, vous verrez ! »

L'Anglais, pour toute réponse, se mit en position de boxer, et Bonard aurait reçu un coup de poing en pleine poitrine s'il n'avait esquivé le coup en faisant un plongeon ; l'Anglais s'était lancé avec tant de vigueur contre Bonard, qu'il trébucha et alla rouler dans le jus de fumier, la tête la première.

Julien courut à son secours et l'aida à se relever, pendant que Bonard riait de tout son cœur.

L'Anglais était debout, ruisselant d'une eau noire et infecte.

« Oh ! *my goodness* ! Oh ! *my God* ! » répétait-il d'un ton lamentable, mais sans bouger de place.

Mme Bonard avait entendu quelque chose de la scène et de la chute ; elle sortit, et, voyant ce malheureux homme noir et trempé, elle vint à lui.

« Mon pauvre Monsieur, s'écria-t-elle, comme vous voilà fait ! Entrez à la maison pour vous débarbouiller et nettoyer vos vêtements. »

L'Anglais la regarda un instant ; la physionomie

de Mme Bonard lui plut ; il la salua avec grâce et politesse.

L'ANGLAIS.

Madme était bien bonne. Jé remercie bien Madme. J'étais un peu crotté. Jé n'osais pas salir lé parloir de Madme.

MADAME BONARD.

Entrez, entrez donc, mon bon Monsieur ; ne vous gênez pas.

L'ANGLAIS, *lui offrant le bras.*

Si Madme voulait accepter lé bras.

MADAME BONARD, *riant.*

Merci, mon cher Monsieur, ce sera pour une autre fois ; à présent, vous n'êtes pas en état de faire vos politesses. »

Mme Bonard se dépêcha de rentrer pour préparer de l'eau, du savon, un baquet et du linge. L'Anglais la suivit à pas comptés, mais auparavant il se retourna vers Julien et lui tendit la main en disant :

« Jé té pardonnais, Juliène ; tu m'avais aidé, tu étais un *good fellow.* »

Il fit deux pas, se retourna et ajouta :

« Mais tu étais une pétite voleur si tu ne me rendais pas ma grosse turkey. »

Quand il entra dans la maison, Mme Bonard lui fit voir le baquet, le savon, le linge.

MADAME BONARD.

Voilà, Monsieur ; voulez-vous que je vous aide ? »

L'Anglais la regarda d'un air indigné.

L'ANGLAIS.

Oh ! Madme ! *Fye !* Une dame laver un Mossieur ! *Fye ! shocking !*

MADAME BONARD.

Ah bien ! je n'y tiens pas ! Arrangez-vous tout seul. Je reviendrai chercher vos habits pour les nettoyer un peu. »

Mme Bonard sortit, fermant la porte après elle, et rejoignit Bonard et Julien qui se lavaient à la pompe.

MADAME BONARD.

Qui est cet homme ? A-t-il l'air drôle ! Comment a-t-il fait pour rouler dans cette saleté ? »

Bonard lui raconta ce qui s'était passé ; ils en rirent tous deux, mais Mme Bonard voulut éclaircir l'affaire du dindon que réclamait l'Anglais.

« C'est tout clair, lui répondit Bonard ; Alcide aura sauté sur la bête quand Julien ouvrait la barrière. C'est sans doute lui que j'ai aperçu courant à travers bois ; il aura vendu la dinde à l'Anglais ; celui-ci croit que c'est Julien qui avait chargé Alcide de la vente ; cet imbécile, maladroit comme tout, aura laissé échapper la dinde, qui est revenue à la ferme en courant : il l'a suivie, et, la voyant dans la cour, il a cru que Julien la lui volait. Avec ça qu'il ne comprend rien, pas moyen de s'expliquer avec lui. »

Mme Bonard voulut tout de même se faire raconter l'affaire par Julien, qui avait fini de se débarbouiller.

Pendant qu'ils s'expliquaient, Bonard rentra dans la salle et vit son Anglais vêtu d'une chemise si longue qu'elle lui battait les talons, les bras croisés devant ses habits, qu'il contemplait tristement.

« Si Madme voulait accepter lé bras. »

BONARD.

Il est certain que vos beaux habits sont un peu abîmés, Monsieur, mais donnez-les-moi, il n'y paraîtra pas tout à l'heure. »

Et, avant que l'Anglais ait eu le temps de décroiser et d'allonger ses bras, Bonard avait saisi et emporté les vêtements pour les rincer dans la mare qui se trouvait tout à côté.

L'Anglais eut beau crier :

« Oh! *dear*! Oh! *goodness*! Mes *papers*! Prenez attention à mes *papers*! Pas d'eau à mes *papers*! vous faisez périr mes *papers*! »

Bonard n'y fit pas attention, et ne rapporta les vêtements que lorsqu'ils furent bien nettoyés... et bien trempés.

BONARD.

Tenez, Monsieur, voilà vos habits, un peu humides, mais propres. Oh! je les ai bien tordus, allez, il n'y reste guère d'eau; ils sécheront sur vous. »

L'Anglais saisit la redingote, fouilla dans les poches et en retira précipitamment un gros portefeuille, qu'il ouvrit en tremblant. Il en retira des papiers qui étaient dans un état déplorable. Il s'avança vers Bonard, les lui mit à deux pouces du visage, et lui dit d'une voix étouffée par l'émotion :

« Malhonnête! Scélérate! Vous avoir perdu les *papers* à moi! Voyez, voyez, grosse malheureuse. Les *sketches* (dessins) de tous mes fabrications! Les comprennements de tous mes machines! Quoi je férai à présent? Quoi je présenterai à mes amis d'Angleterre? »

Bonard, qui le considérait comme un fou, ne se fâcha pas des injures ni de la colère injuste de l'Anglais. Il regarda les papiers à mesure que M. Georgey les déployait, et dit avec calme :

« Il n'y a pas de mal, Monsieur l'Anglais, ce ne sera rien ! Il ne s'agit que de faire sécher tout cela ; il n'y paraîtra seulement pas. Je vais appeler ma femme, elle vous donnera un coup de main.

L'ANGLAIS.

Arrêtez ! Moi savais pas vous étiez lé mari de Madme. Une minute, s'il vous plaisait. Jé voulais mes habits sur mes épaules et mon inexpressible sur mes jambes. Jé vous démandais des excuses, jé savais pas Madme était votre femme. En vérité, j'étais bien repenti. »

Tout en parlant, M. Georgey s'était habillé ; il attendit en grelottant l'arrivée de Mme Bonard, que son mari avait été chercher. Quand elle entra, il s'épuisa en saluts, en excuses, que n'écoutèrent ni le mari ni la femme.

« Allume vite du feu, Bonard. Ce pauvre Monsieur tremble à faire pitié. Chauffe-le du mieux que tu pourras ; moi je vais mettre des fers au feu pour sécher et repasser ses papiers, auxquels il paraît tenir. »

L'Anglais se laissa tourner et retourner par Bonard devant un feu flamboyant ; Mme Bonard repassait et repliait les papiers pendant que l'Anglais était enveloppé de la vapeur qu'exhalaient ses habits humides. Il fallut une demi-heure pour réchauffer l'homme et faire sécher ses vêtements.

L'Anglais était enveloppé de la vapeur qu'exhalaient ses habits.

Lorsqu'il se sentit sec et chaud, il dit à Bonard d'un ton radouci et modeste :

« J'espérais avoir mon turkey, *my dear sir* (mon cher Monsieur).

BONARD.

Écoutez, mon bon Monsieur, et tâchez de comprendre. La dinde que vous appelez *Turkey* (je ne sais pourquoi) n'est pas à vous, mais à moi. »

L'Anglais fait un mouvement.

BONARD.

Permettez; laissez-moi achever. C'est Alcide qui vous l'a vendue?

L'ANGLAIS.

Oh *yes*! Alcide. *Good fellow*! il vendait à moi si bonnes turkeys!

BONARD.

Eh bien, Alcide me l'a volée et il vous l'a vendue.

L'ANGLAIS.

Oh! Alcide! si bonne *fellow*! Et Fridrick aussi!

BONARD.

Il vous en a déjà vendu deux autres, n'est-ce pas?

L'ANGLAIS.

Oh oui! excellentes!

BONARD.

Alcide les avait volées à Julien.

L'ANGLAIS.

Oh! *my goodness*! Comment! Alcide était une malhonnête, une voleure? Et le Fridrick aussi?

BONARD.

Combien vous les a-t-il vendues?

L'ANGLAIS.

Deux premièrs, six; lé grosse dernièr, houit. Il disait c'était plus grosse.

BONARD.

Ce fripon vous a volé et moi aussi.

L'ANGLAIS, *inquiet*.

Et jé mangeais plus vos grosses turkeys?

BONARD.

Si fait; je vous en vendria à quatre francs tant que j'en aurai. »

L'ANGLAIS, *riant et se frottant les mains*.

Oh! *very well*, nous bonnes amis alorse. Oh! lé fripone Alcide, lé fripone Fridrick! Il m'avait vendu deux premièrs. Quand jé lé revois, jé lui fais tous deux une boxe terrible. *Good bye*, master Bonarde. *Good bye*, excellent madme Bonarde. Je viendrai beaucoup souvent. Mes *papers*, s'il vous plaisait.

MADAME BONARD.

Voilà, Monsieur; ils sont bien secs, bien repassés, il n'y paraît pas; un peu jaunes seulement.

L'ANGLAIS.

Ça faisait riène du tout. *Good bye*. »

M. Georgey fit un dernier salut et s'en alla.

Bonard regarda sa femme qui s'essuyait les yeux.

BONARD.

Tu pleures, femme? Et tu as raison; pour un rien je ferais comme toi. Frédéric, notre fils, un voleur!

MADAME BONARD.

C'est Alcide qui l'aura entraîné, bien sûr! A lui

tout seul, il n'aurait jamais commis une si mauvaise action!

BONARD.

Je l'espère. Et voilà ce qu'il a gagné à ne pas m'obéir; je lui avais défendu bien des fois de fréquenter ce mauvais garnement d'Alcide.... Quand il sera de retour, je lui donnerai son compte.

MADAME BONARD.

Oh! Bonard, ménage-le! Pense donc qu'il a été entraîné.

BONARD.

Un honnête garçon ne se laisse pas entraîner. Vois Julien: il est bien plus jeune que Frédéric, il n'a que douze ans, et il a résisté, lui. »

Pendant que le mari et la femme causaient tristement en attendant Frédéric, Julien avait rentré son troupeau et soignait les chevaux. Il vit la tête de Frédéric qui apparaissait derrière un tas de paille.

JULIEN, *riant*.

Tiens! qu'est-ce que tu fais là? Pourquoi t'es-tu fourré là dedans?

FRÉDÉRIC.

Chut! Prends garde qu'on ne t'entende. J'ai aperçu l'Anglais dans la salle. Est-il parti?

JULIEN.

Oui, il vient de s'en aller. Pourquoi as-tu peur de cet Anglais? Il a l'air tout drôle, mais il n'est pas méchant, malgré tout ce qu'il dit. D'où le connais-tu, toi?

FRÉDÉRIC.

Je ne le connais pas beaucoup, seulement pour

l'avoir rencontré avec Alcide. Qu'est-ce qu'il a dit? Pourquoi est-il venu ici?

JULIEN.

Je n'en sais trop rien; il me demandait son *tarké*; il paraît que c'est comme ça qu'il appelle les dindons.

FRÉDÉRIC.

Oui, oui; mais qu'a-t-il dit?

JULIEN.

Ma foi, je n'y ai pas compris grand'chose. Il voulait me boxer et puis ton père. Il demandait toujours son tarké; il m'appelait voleur, malhonnête. Je crois bien qu'il n'a pas sa tête; il a un peu l'air d'un fou.

FRÉDÉRIC.

A-t-il parlé de moi?

JULIEN.

Non, je ne pense pas; mais qu'est-ce que cela te fait?

FRÉDÉRIC.

Tu es sûr qu'il n'a rien dit de moi?

JULIEN.

Je n'ai rien entendu toujours.

FRÉDÉRIC.

Alors je peux rentrer?

JULIEN.

Pourquoi pas? Mais qu'as-tu donc? tu as l'air tout effaré.

FRÉDÉRIC.

Papa est-il dans la salle?

JULIEN.

Je pense que oui; je ne l'ai pas vu sortir. »

Frédéric, rassuré, sortit de derrière la porte et se dirigea vers la maison. La porte s'ouvrit et Bonard parut.

« Suis-moi », dit-il à Frédéric d'une voix qui réveilla toutes ses craintes.

« Suis-moi, reprit-il; viens à l'écurie. Et toi, Julien, va-t'en. »

Julien obéit, presque aussi tremblant que Frédéric.

Bonard ferma la porte et décrocha le fouet de charretier. Frédéric devint pâle comme un mort.

BONARD.

Comment connais-tu cet Anglais qui sort d'ici? »

Frédéric ne répondit pas; ses dents claquaient. Bonard lui appliqua sur les épaules un coup de fouet qui lui fit jeter un cri aigu.

BONARD.

D'où connais-tu cet Anglais?

FRÉDÉRIC, *pleurant.*

Je l'ai... rencontré... avec Alcide.

BONARD.

Pourquoi étais-tu avec Alcide, malgré ma défense? Pourquoi, d'accord avec Alcide, as-tu volé mes dindons pour les vendre à cet Anglais? Pourquoi m'as-tu laissé deux fois gronder Julien, le sachant innocent et te sentant coupable?

FRÉDÉRIC, *pleurant.*

Ce n'est... pas moi,... mon père,... c'est... Alcide. »

Puis, se jetant à genoux devant son père, il lui dit en sanglotant :

« Mon père, pardonnez-moi, c'est Alcide qui a

volé les dindons. J'ai seulement eu tort de le voir après que vous me l'avez défendu.

BONARD.

Tu mens. Je sais tout; avoue ta faute franchement. Raconte comment la chose est arrivée, et comment Alcide a pu vendre mes dindons à l'Anglais.

FRÉDÉRIC.

Alcide était convenu de me rencontrer dans le petit bois le soir quand je serais seul; il m'attendait. J'ai envoyé Julien les deux fois me faire une commission, pour qu'il ne me vît pas avec Alcide; j'ai couru dans le bois; je l'ai trouvé avec l'Anglais; puis Alcide a disparu un instant; il est revenu avec un dindon sous le bras. Avant que j'aie pu l'en empêcher, il a fait le marché avec l'Anglais, qui est parti de suite emportant le dindon. Alcide m'a donné deux francs, me demandant de n'en rien dire; j'étais tout ahuri, je ne savais ce que je faisais; Alcide s'est sauvé, et moi je m'en suis allé aussi.

BONARD.

Et les deux francs?

FRÉDÉRIC.

Je n'ai pu les rendre, Alcide s'était sauvé.

BONARD.

Et la seconde fois?

FRÉDÉRIC.

Ça s'est fait de même.

BONARD.

Et tu t'es laissé faire, sachant ce qui allait arriver? Et tu as encore empoché l'argent, sachant que c'était un vol? Et tu n'as pas rougi de laisser accuser Julien une seconde fois? Et tu n'as pas été honteux de voler ton père, ta mère, et de t'y faire aider par un vaurien, par un voleur comme toi-même? Tu mens, tu augmentes ta faute et ta punition. »

Bonard empoigna Frédéric et lui administra une rude correction bien méritée. Il le rejeta ensuite sur le tas de paille et sortit de l'écurie.

V

TOUS LE TURKEYS

Quand Bonard rentra à la maison, il raconta à sa femme ce qui s'était passé entre lui et Frédéric. Mme Bonard pleura, tout en trouvant que son mari avait eu raison.

Pendant deux ou trois jours, tout le monde fut triste et silencieux à la ferme; petit à petit les Bonard oublièrent les torts graves de leur fils. Frédéric oublia la punition qu'il avait subie, et Julien oublia la conduite de Frédéric à son égard.

Tout marchait donc régulièrement dans la maison Bonard.

Quand M. Georgey fut revenu chez lui, il changea de vêtements, et alla dans le petit café tenu par le père d'Alcide.

M. GEORGEY.

Mossieu Bourel, jé venais vous dire, votre jeune gentleman Alcide était une malhonnête.

BOUREL.

Alcide! Pas possible, Monsieur Georgey. C'est un garçon de confiance.

M. GEORGEY.

Jé disais, moi, c'était une garçon voleur; il m'avait volé l'argent du *turkey*; j'avais tiré, et mis dans les mains à lui, houite francs. Et quoi j'avais? rien du tout. Lé turkey avait couru, que jé né pouvais pas lé rattraper; et houite francs Alcide avait remportés dans son poche. Et moi étais pas content; et moi disais à vous, Alcide était une malhonnête. »

Bourel ouvrit une porte du fond et appela :

« Alcide, viens donc t'expliquer avec M. Georgey; il n'est pas content de toi. »

Alcide entra et dit d'un air hypocrite :

« Je suis bien fâché, Monsieur Georgey, de vous avoir mécontenté; tout ça, c'est la faute de Julien.

M. GEORGEY, *vivement*.

Comment tu disais? Juliène était une *good fellow*. Lui relevait moi dans lé boue noire et mal parfioumée. Et lé turkey c'était pas lui. M. Bonarde m'a dit c'était pas lui. C'était pas croyable comme tu étais une malhonnête pour les turkeys.

ALCIDE.

Monsieur, je vous assure que M. Bonard s'est trompé; il croit Julien qui est un menteur; moi, Monsieur, je vous aime bien, et je ferai tout ce que vous voudrez pour vous contenter et vous bien servir.

M. GEORGEY.

Moi voir cette chose plus tardivement, moi demander à Madme Bonarde.

ALCIDE.

Mme Bonard ne dira pas vrai à Monsieur, parce qu'elle ne m'aime pas et qu'elle ne croit que Julien.

M. GEORGEY.

Madme Bonarde était bien aimable; elle disait toujours le vrai. *Good bye*, Mossieu Bourel; *good bye*, Alcide. Prends attention! Jé n'aimais pas quand on trompait moi. »

M. Georgey sortit et rentra chez lui; il appela sa servante.

« Caroline, jé voulais dîner très vite; lé midi il était passé. »

Cinq minutes après, Caroline apportait le dîner de M. Georgey.

CAROLINE.

Monsieur devait acheter un dindon, et Monsieur ne m'a rien rapporté.

M. GEORGEY.

C'étaient tous ces garçons qui faisaient des malentendements. Moi plus comprendre les raisonnements. J'avais donné houite francs pour une grosse, belle animal, et moi j'avais rien du tout. Pas de *turkey* dans lé cuisine, moins houite francs dans mon poche. Moi demander à Madme Bonarde. C'était une aimable dame, Madme Bonarde. Et moi demander toutes les choses à Madme Bonarde. »

Après avoir dîné, M. Georgey se mit à copier les papiers que lui avait repassés Mme Bonard; ils étaient d'une couleur qui sentait trop le bain qu'ils avaient pris.

Tout en écrivant, il songeait à son turkey et aux moyens de le ravoir. Tout à coup une idée lumineuse éclaircit sa physionomie.

« Caroline, s'écria-t-il, Caroline, vous venir vite; je voulais parler à vous. »

Caroline accourut.

CAROLINE.

Qu'est-ce qu'il y a? Monsieur se trouve incommodé?

M. GEORGEY.

Oui, *my dear*; beaucoup fort incommodé par mon *turkey*. Vous allez tout de suite, très vitement, chez Madme Bonarde; vous demander à Madme Bonarde ma grosse *turkey*, et vous apporter le *turkey strangled*.

CAROLINE.

Qu'est-ce que c'est, strangled?

M. GEORGEY.

Vous pas savoir quoi c'est *strangled*? Vous, serrer lé gorge du turkey; lui être morte et pas courir, pas sauver chez Madme Bonarde.

CAROLINE.

Ah! Monsieur veut dire étranglé.?

M. GEORGEY.

Yes, yes, my dear, stranglé. Moi croyais fallait dire *strangled*; c'était stranglé. C'était la même chose. Allez vitement. »

Caroline partit en riant. Elle avait à peine fait dix pas qu'elle s'entendit encore appeler par la fenêtre.

M. GEORGEY.

Caroline, *my dear*, vous acheter tous les turkeys de Madme Bonard, et tous les semaines vous prendre deux turkeys, et moi manger deux turkeys.

CAROLINE.

Combien faut-il les payer, Monsieur?

M. GEORGEY.

Vous payer quoi demandait Madme Bonard, et vous faire mes salutations. Allez, *my dear*, vous courir vitement. »

La tête de M. Georgey disparut; la fenêtre se referma. Caroline marcha vite d'abord; quand elle fut hors de vue, elle prit son pas accoutumé.

« Quand je perdrais quelques minutes, se dit-elle, les tarké, comme il les appelle, n'auront pas disparu. Mais, avec lui, c'est toujours vite, vite. Il n'a pas de patience. C'est un brave homme tout de même, et les Bourel le savent bien. Ils l'attrapent joliment. C'est le garçon surtout que je n'aime pas. Il trompe ce pauvre M. Georgey que c'est une pitié. Je finirai bien par le démasquer tout de même. Tiens! le voilà tout juste; il sort du café Margot. Où prend-il tout l'argent qu'il dépense? Ce n'est toujours pas le père qui lui en donne; car il est joliment serré. Tiens! voilà le petit Bonard qui le rencontre.... Ils entrent dans le bois, qu'est-ce qu'ils ont à comploter ensemble? Ça me fait l'effet d'une paire de filous. »

Tout en observant et en réfléchissant, Caroline était arrivée chez les Bonard; elle ne trouva que la femme et lui fit de suite la commission de M. Georgey.

MADAME BONARD, *riant*.

Ah! c'est M. Georgey qu'il s'appelle; mes dindes lui ont donné dans l'œil, à ce qu'il paraît. Il est un peu drôle, tout de même.

CAROLINE.

Lui vendez-vous vos dindes? il les veut toutes.

MADAME BONARD.

Toutes à la fois? Que va-t-il faire de ces quarante-six bêtes qu'il faut nourrir et mener dans les champs?

CAROLINE.

Non, non, il en veut deux par semaine; mais il les retient toutes. Combien les vendez-vous?

MADAME BONARD.

Je les vends quatre francs; mais s'il faut les lui garder trois ou quatre mois encore, ce n'est pas possible; les bêtes me coûteraient cher à nourrir; de plus, elles dépériraient et ne vaudraient plus rien.

CAROLINE.

Il m'a pourtant bien recommandé de les acheter toutes.

MADAME BONARD.

Écoutez; pour l'obliger, je veux bien lui en garder une douzaine, mais je vendrai le reste à la foire du mois prochain. Pas possible autrement; elles sont toutes à point pour être mangées.

CAROLINE.

Va-t-il être contrarié! Il tient à vos dindes que c'en est risible; les deux dernières que je lui ai servies, je croyais le voir étouffer, tant il en a mangé. Jamais il n'en avait eu de si tendres, de si blanches, de si excellentes, disait-il entre chaque bouchée.

MADAME BONARD.

Est-ce qu'il vit seul? Que fait-il dans notre pays?

CAROLINE

Il vit tout seul. Il n'a que moi pour le servir. Il est venu, paraît-il, pour construire et mettre en train une usine pour un ami, le baron de Gerfeuil, qui n'y entend rien et qui l'a fait venir d'Angleterre. Et il doit avoir beaucoup d'argent, car il en dépense joliment. Il travaille toujours; il ne voit personne que les ouvriers et un interprète qui transmet ses ordres. C'est qu'on ne le comprendrait pas sans cela.

MADAME BONARD.

Il a un drôle de jargon. Et comment est-il? Est-il bonhomme? Il me fait l'effet d'être colère.

CAROLINE.

Il est vif et bizarre; mais c'est un brave homme. Je commence à m'y attacher, et ça me taquine de le voir attrapé comme il l'est sans cesse par ces Bourel père et fils. Alcide surtout le plume à faire frémir; c'est un mauvais garnement que ce garçon; vous feriez bien de ne pas laisser votre Frédéric se rencontrer avec lui.

MADAME BONARD

Oh! Frédéric ne le voit plus; Bonard le lui a bien défendu.

CAROLINE.

Mais je viens de les voir entrer ensemble dans le bois, près de chez vous.

MADAME BONARD, *effrayée*

Encore! Oh! mon Dieu! si Bonard le savait! Il le lui a tant défendu.

CAROLINE.

Et il a bien fait, car une société comme ça, voyez-vous, Madame Bonard, il y a de quoi perdre un jeune homme.

MADAME BONARD.

Je le sais, ma bonne Mademoiselle Caroline, je ne le sais que trop, et je parlerai ferme à Frédéric, je vous en réponds. Mais, pour Dieu! n'en dites rien à Bonard, il le rouerait de coups.

CAROLINE.

Je ne dirai rien, Madame Bonard; mais... je ne sais s'il ne vaudrait pas mieux que le père connaisse les allures de son fils. Ne vaut-il pas mieux que le garçon soit battu maintenant que de devenir un filou, un gueux plus tard?

MADAME BONARD.

J'y penserai, j'y réfléchirai, ma bonne Caroline, je vous le promets. Mais gardez-moi le secret, je vous en supplie.

CAROLINE.

Je veux bien, moi; au fait, ça ne me regarde pas, c'est votre affaire. Au revoir, Madame Bonard; donnez-moi une de vos dindes, que je l'emporte; si je revenais les mains vides, mon maître serait capable de tomber malade.

MADAME BONARD.

Mais je ne les ai pas, elles sont aux champs.

CAROLINE.

Il faut que nous y allions; je ne veux pas rentrer sans la dinde.

MADAME BONARD.

Écoutez; allez le long du bois, tournez dans le

champ à gauche, vous trouverez Julien avec les dindes, et vous ferez votre choix. Vous connaissez Julien, je pense?

CAROLINE.

Ma foi, non ; il n'y a pas longtemps que je suis dans le pays, je n'y connais pas beaucoup de monde.

MADAME BONARD.

Vous le reconnaîtrez tout de même, puisqu'il n'y a que lui qui garde mes dindes dans le champ. Le long du bois, puis à gauche.

CAROLINE.

C'est entendu ; et je payerai Julien?

MADAME BONARD.

Comme vous voudrez; nous nous arrangerons. »

Caroline partit; elle prit le chemin que lui avait indiqué Mme Bonard, et trouva Julien avec son troupeau.

VI

LES PIÈCES D'OR DE M. GEORGEY

A mesure que Caroline approchait, Julien la regardait et s'inquiétait ; craignant quelque nouvelle aventure, il fit avancer ses dindons à grands pas. Mais Caroline marchait plus vite que les dindons ; elle ne tarda pas à les rejoindre. Elle examina attentivement les bêtes pour avoir la plus belle.

L'inquiétude de Julien augmenta ; il ne quittait pas des yeux Caroline, et fit siffler sa baguette pour lui faire voir qu'il était prêt à défendre à main armée le troupeau dont il avait la garde.

Caroline n'y fit pas attention ; elle ne se doutait pas de la méfiance dont elle était l'objet. Mais quand Julien la vit se baisser pour saisir la dinde qu'elle avait choisie, il lui appliqua un coup de sa baguette sur les mains et s'avança sur elle d'un air menaçant. Caroline poussa un cri.

JULIEN.

Ne touchez pas à mes dindes, ou je vous cingle les doigts d'importance.

CAROLINE.

Que tu es bête! Tu m'as engourdi les doigts, tant tu as tapé fort. On ne plaisante pas comme ça, Julien.

JULIEN.

Je ne veux pas que vous touchiez à mes bêtes ; allez-vous-en.

CAROLINE.

Mais puisque j'en ai acheté une à Mme Bonard! C'est elle qui m'a envoyé ici pour la choisir.

JULIEN.

Ta! ta! ta! je connais cela. Je ne m'y fie plus. On m'en a déjà volé deux; je ne me laisserai pas voler une troisième fois.

CAROLINE.

Tu es plus sot que tes dindes, mon garçon. J'ai fait le prix avec Mme Bonard; voici quatre francs pour payer ta dinde, est-ce voler, cela?

JULIEN.

Je n'en sais rien, mais vous n'y toucherez pas que Mme Bonard ne m'en ait donné l'ordre. Est-ce que je sais qui vous êtes et si vous dites vrai?

CAROLINE.

Puisque je t'appelle par ton nom, c'est que quelqu'un me l'a dit; et ce quelqu'un, c'est Mme Bonard. Voyons, laisse-moi faire, et voici les quatre francs.

Caroline poussa un cri.

JULIEN.

Je ne vous laisserai pas faire, et je ne veux pas de vos quatre francs. Vous faites comme Alcide, qui m'offrait aussi quatre francs pour avoir un dindon qu'il revendait huit francs à son Anglais.

CAROLINE.

Quel Anglais ? M. Georgey ? c'est mon maître.

JULIEN.

Tant pis pour vous ; votre maître emploie des fripons comme Alcide à son service, je me moque bien de votre Anglais ; je ne connais que Mme Bonard, et je ne donne rien que par son ordre.

CAROLINE.

Tu n'es guère poli, Julien ; je vais aller me plaindre à Mme Bonard.

JULIEN.

Allez où vous voulez et laissez-nous tranquilles, moi et mes quarante-six bêtes.

CAROLINE.

Quarante-six bêtes et toi, cela en fait bien quarante-sept ; et la plus grosse n'est pas la moins bête.

JULIEN.

Tout ça m'est égal. Allez vous plaindre si cela vous fait plaisir ; dites-moi toutes les injures qui vous passeront par la tête, offrez-moi tout l'argent que vous avez, rien n'y fera ; vous ne toucherez pas à mes dindes.

CAROLINE.

Petit entêté, va ! Tu me fais perdre mon temps à courir. Si je voulais, j'en prendrais bien une malgré toi.

JULIEN.

Essayez donc, et vous verrez. »

Et Julien se campa résolument entre Caroline et son troupeau, les poings fermés prêts à agir, et les pieds en bonne position pour l'attaque ou la défense.

Caroline leva les épaules et s'en alla du côté de la ferme.

« Elle n'est pas méchante tout de même, pensa Julien ; c'est égal, je ne la connais pas, je dois prendre les intérêts de mes maîtres, et j'ai bien fait en somme. »

Caroline revint à la ferme et conta à Mme Bonard ce qui s'était passé. Mme Bonard rit de bon cœur.

« C'est un brave petit garçon, dit-elle ; il a eu peur qu'il ne lui arrivât une aventure comme avec Alcide, et il a bien fait.

CAROLINE.

Grand merci ! Vous trouvez bien fait de m'avoir cinglé les doigts à m'en laisser la marque, de me....

MADAME BONARD.

Écoutez donc, c'est ma faute ; j'aurais dû vous accompagner et lui expliquer moi-même notre marché. Venez, venez, Caroline, je vais vous faire donner votre dinde. »

Elles retournèrent au champ, et, à leur grande surprise, elles virent près de Julien M. Georgey riant et se tenant les côtes.

Quand elles approchèrent, il redoubla ses éclats de rire et ne put articuler une parole.

MADAME BONARD.

Qu'y a-t-il, mon Julien ? Pourquoi M. Georgey est-il avec toi ? Pourquoi rit-il si fort ?

JULIEN.

Il paraît qu'il était ici tout près, caché dans un buisson, pendant que je défendais mes dindes contre cette dame qui voulait m'en prendre une. Dès qu'elle a été partie, il a sauté hors de son buisson, il est arrivé à moi en courant ; il a voulu me saisir les mains, je me suis défendu avec ma baguette, je l'ai cinglé de mon mieux. Au lieu de se fâcher, il s'est mis à rire ; plus je cinglais, plus il riait, et le voilà qui rit encore à s'étouffer. Tenez, voyez, le voilà qui se roule.... Je vais me sauver avec mes dindes ;... le voilà qui se calme : il ne disait qu'un seul mot, toujours le même : *tarké, tarké!* »

Les rires de l'Anglais reprirent de plus belle.

MADAME BONARD.

N'aie pas peur, mon Julien, reste là ; ce M. Georgey veut une bête de ton troupeau, qu'il appelle *tarké*. Et voici sa servante, Mlle Caroline, qui venait en acheter une ; c'est moi qui te l'envoyais.

JULIEN, *troublé*.

Je ne savais pas, maîtresse. Je vous fais bien mes excuses, ainsi qu'à Mlle Caroline. Je craignais, ne la connaissant pas, qu'elle ne me volât une de vos dindes, comme l'avait fait Alcide. »

L'Anglais, voyant l'air confus de Julien, crut que Mme Bonard le grondait. Son rire cessa à l'instant ; il se releva et dit :

« Vous, Madme Bonarde, pas gronder Juliène : Juliène il était une honnête pétite, une excellente pétite ; il avait battu mon Caroline beaucoup fort ; il avait poussé le *money* de Caroline ; il avait voulu boxer Caroline ; il avait battu moi. C'était très bien, parfaitement excellent. J'aimais beaucoup fort Juliène ; jé voulais lé prendre avec les turkeys ; Madmo Bonarde, jé voulais emporter Juliène avec les turkeys. Il était un honnête garçone ; j'aimais les honnêtes garçones ; jé voyais pas bocoup honnêtes garçones. *Good fellow, you, little dear*, ajouta M. Georgey en passant la main sur la tête de Julien. Oh oui ! *good fellow*, toi venir avec les turkeys chez moi, dans mes services ? Oh *yes* ! Disais vitement *yes*, pétite Juliène.

MADAME BONARD.

Mais, Monsieur, je ne veux pas du tout laisser venir Julien chez vous. Je veux le garder.

M. GEORGEY.

Oh ! Madme Bonarde ! Vous si aimable ! Vous si excellent ! J'aimais tant un honnête garçone !

MADAME BONARD

Et moi aussi, Monsieur, j'aime les honnêtes garçons, et c'est pourquoi j'aime Julien et je le garde.

M. GEORGEY.

Écoute, pétite Juliène, si toi venais chez moi, je donner beaucoup à toi. Tenez, pétite, voilà. »

M. Georgey tira sa bourse de sa poche.

M. GEORGEY.

Tu voyais ! Il était pleine d'argent jaune. Moi té donner cinq jaunets. C'était bien beaucoup ; c'était une grosse argent. »

Et il les mit de force dans la main de Julien. Mme Bonard poussa un cri ; Julien lui dit :

« Qu'avez-vous, maîtresse ? De quoi avez-vous peur ?

MADAME BONARD, *tristement*.

Tu vas me quitter, mon Julien! Moi-même, je dois te conseiller de suivre un maître si généreux!

M. GEORGEY.

Bravo! Madme Bonarde, c'était beaucoup fort bien! Viens, pétite Juliène, moi riche, moi te donner toujours les jaunets.

JULIEN.

Merci bien, Monsieur, merci, je suis très reconnaissant. Voici vos belles pièces, Monsieur, je n'en ai pas besoin : je reste chez M. et Mme Bonard; j'y suis très heureux et je les aime. »

Julien tendit les cinq pièces de vingt francs à M. Georgey, qui ouvrit la bouche et les yeux, et qui resta immobile.

MADAME BONARD.

Julien, mon garçon, que fais-tu? tu refuses une fortune, un avenir!

M. GEORGEY.

Juliène, tu perdais lé sentiment, *my dear*. Pour quelle chose tu aimais tant master et Mme Bonarde?

JULIEN.

Parce qu'ils m'ont recueilli quand j'étais orphelin, Monsieur; parce qu'ils ont été très bons pour moi depuis plus d'un an, et que je suis reconnaissant de leur bonté. Ne dites pas, ma chère maîtresse, que je refuse le bonheur, la fortune. Mon bonheur est de vous témoigner ma reconnaissance, de vous servir de mon mieux, de vivre près de vous toujours.

— Cher enfant! s'écria Mme Bonard, je te remercie et je t'aime, ce que tu fais est beau, très beau. »

Mme Bonard embrassa Julien, qui pleura de joie et d'émotion; Caroline se mit aussi à embrasser Julien; l'Anglais sanglota et se jeta au cou de Julien en criant :

« *Beautiful! Beautiful!* Pétite Juliène, il était une grande homme! »

Et, lui prenant la main, il la serra et la secoua à lui démancher l'épaule. Julien lui coula dans la main ses cinq pièces d'or, l'Anglais voulut en vain le forcer à les accepter. Julien s'enfuit et retourna à son troupeau, qui s'était éparpillé dans le champ pendant cette longue scène. Il courait de tous côtés pour les rassembler; Caroline et Mme Bonard coururent aussi pour lui venir en aide; l'Anglais se mit de la partie et parvint à saisir deux des plus belles dindes; il les examina, les trouva grosses et grasses, leur serra le cou et les étouffa.

M. GEORGEY.

Caroline, Caroline, j'avais les turkeys; j'avais strangled deux grosses; ils étaient lourdes terriblement. »

Les dindes étaient réunies; Caroline accourut près de son maître et regarda celles qu'il tenait.

CAROLINE.

Mais, Monsieur, elles sont mortes; vous les avez étranglées?

M. GEORGEY, *souriant*.

Yes, my dear; jé voulais manger des turkeys, toujours des turkeys.

L'Anglais parvint à saisir deux des plus belles dindes.

CAROLINE.

Mais, Monsieur, vous en avez pour huit jours.

M. GEORGEY.

No, no, *my dear*, une turkey tous les jours.... Taisez-vous, *my dear*. J'avais dit jé voulais, et quand j'avais dit jé voulais, c'était jé voulais. Demaine vous dites à master Bonarde, à Madme Bonarde, à pétite Juliène, jé voulais ils dînaient tous chez moi, dans mon petite maison. Allez, *my dear*, allez tout de suite, vitement. Jé payais les turkeys démain. »

M. Georgey s'en alla sans tourner la tête; Caroline ramassa les deux dindes et alla faire part à Mme Bonard et à Julien de l'invitation de M. Georgey. Mme Bonard remercia et accepta pour les trois invités; ils se séparèrent en riant.

Pendant ce temps, Frédéric était venu rejoindre Alcide dans le bois.

« Eh bien, pauvre ami, es-tu bien remis de la rossée que t'a donnée ton père?

FRÉDÉRIC.

Oui, et je viens te dire que je ne peux plus te voir en cachette, mon père me surveille de trop près.

ALCIDE.

Bah! avec de l'habileté on peut facilement tromper les parents.

FRÉDÉRIC.

Mais, vois-tu, Alcide, je ne suis pas tranquille; j'ai toujours peur qu'il ne me surprenne. J'aime mieux me priver de te voir et obéir à mon père.

ALCIDE.

Voilà qui est lâche, par exemple! Moi qui te croyais si bon ami, qui faisais ton éloge à tous nos camarades, tu me plantes là comme un nigaud que tu es. Quel mal faisons-nous en causant? Quel droit ont tes parents de t'empêcher de te distraire un instant, après t'avoir fait travailler toute la journée comme un esclave? Ne peux-tu pas voir tes amis sans être battu? Faut-il que tu ne voies jamais que tes parents et ce petit hypocrite de Julien qui cherche à se faire valoir?

FRÉDÉRIC.

Julien est bon garçon, je t'assure. Il m'aime.

ALCIDE.

Tu crois cela, toi? Si tu savais tout ce qu'il dit et comme il se vante de prendre ta place! Crois-moi, on te fait la vie trop dure. Voici la foire qui approche; je parie qu'ils ne te donneront pas un sou, et il te faut de l'argent pour t'amuser. Il faut que nous en fassions, et nous en aurons. Veux-tu m'aider?

FRÉDÉRIC, *hésitant*.

Je veux bien, si tu ne me fais faire rien de mal.

ALCIDE.

Sois tranquille. Mais séparons-nous, de peur qu'on ne te voie; je t'expliquerai ça dimanche quand nous nous reverrons ici. »

Et les deux amis se quittèrent.

Quand Bonard rentra du labour avec Frédéric qui était venu le rejoindre, et qu'il ne laissait plus seul à la maison que pour le travail nécessaire, Mme Bonard leur raconta les aventures de l'après-midi. Bonard rit beaucoup; il fut touché du désintéressement et du dévouement de Julien.

« Merci, mon garçon, lui dit-il; je n'oublierai pas cette preuve d'amitié que tu nous as donnée. Merci. »

Frédéric avait écouté en silence. Quand le récit fut terminé, il dit à Julien :

« Il est donc bien riche, cet imbécile d'Anglais? Tu aurais dû garder son argent.

JULIEN.

Il n'est pas imbécile, mais trop bon. Je pense qu'il est riche, mais je n'avais pas mérité l'or qu'il m'offrait, et je ne voulais pas accepter son offre de le suivre.

FRÉDÉRIC.

Je trouve que tu as été très bête dans toute cette affaire.

BONARD, *sèchement*.

Tais-toi! Tu n'as pas le cœur qu'il faut pour apprécier la conduite de Julien. »

VII

DINER DE M. GEORGEY

Le lendemain, Frédéric, qui était de mauvaise humeur de n'avoir pas été invité chez M. Georgey, s'en prit à Julien et recommença à le blâmer de n'avoir pas accepté l'or de l'Anglais.

JULIEN.

Mais tu vois bien qu'il me le donnait pour entrer à son service, et je voulais rester ici.

FRÉDÉRIC.

C'est ça qui est bête! Chez l'Anglais, tu serais devenu riche, il t'aurait payé très cher; tu aurais pu gagner sur les achats qu'il t'aurait fait faire.

JULIEN.

Comment ça? Comment aurais-je gagné sur les achats?

FRÉDÉRIC.

C'est facile à comprendre, Alcide me l'a expliqué. Tu achètes pour deux sous de tabac : tu lui en comptes trois; tu prends un paquet de chandelles, trois francs : tu comptes trois francs cinquante; et ainsi de suite. »

JULIEN, *avec indignation.*

Et tu crois que je ferais jamais une chose pareille!

FRÉDÉRIC.

Tiens, par exemple! Alcide le fait toujours. Il dit que c'est pour payer son temps perdu à faire des commissions, et c'est vrai, ça; alors, c'est avec cela qu'il s'amuse, qu'il achète des cigares, des saucisses, toutes sortes de choses, et il ne s'en porte pas plus mal.

JULIEN.

Non, mais il se gâte de plus en plus et devient de plus en plus malhonnête. Prends garde, Frédéric! c'est un mauvais garçon! Ne l'écoute pas, ne fais pas comme lui.

FRÉDÉRIC.

Vas-tu me prêcher, à présent? Je sais ce que j'ai à faire. Prends garde toi-même! Si tu as le malheur d'en dire un seul mot à mon père et à ma mère, nous te donnerons une rossée dont tu te souviendras longtemps.

JULIEN.

Tu n'as pas besoin de craindre que je te fasse gronder. Tu sais que je fais toujours mon possible pour t'éviter des reproches. Que de fois je me suis laissé gronder pour toi!

FRÉDÉRIC, *avec aigreur*.

« C'est bon ! je n'ai pas besoin que tu me rappelles les générosités dont tu te vantes. Avec tes belles idées, Alcide dit que tu resteras un imbécile et un pauvrard à la charité de mes parents, comme tu l'es depuis un an, ce qui n'est agréable ni pour eux ni pour moi, car tu as beau faire, tu resteras toujours un étranger qu'on peut chasser d'un jour à l'autre. »

Julien rougit et voulut répondre, mais il se contint, et continua à balayer la cour, pendant que Frédéric sifflotait un air qu'il recommençait toujours.

Un autre sifflet, qui reprit le même air, se fit entendre dans le lointain. Frédéric se tut, prit un trait de charrue, le tordit pour le déchirer, tira dessus pour achever de le séparer en deux, et dit à Julien :

« Si mon père me demande, tu lui diras que j'ai été porter ce vieux trait à raccommoder chez le bourrelier. Tu vois qu'il est cassé ; regarde bien, pour dire ce qui en est si mon père te questionne.

— Je vois », répondit Julien tristement.

Frédéric s'en alla avec le trait.

« Je sais bien où il va, se dit Julien. Un rendez-vous avec son ami Alcide. Ce malheureux Frédéric ! comme il est changé depuis quelque temps ! Cet Alcide lui a fait bien du mal ! »

« Julien, Julien ! voici l'heure de t'habiller pour aller dîner chez M. Georgey, cria Mme Bonard. Il faut te faire propre, mon garçon. Mets ta blouse des dimanches ; donne-toi un coup de peigne, un coup de savon, et viens me trouver dans la salle. Je t'y attends. »

Julien avait fini son ouvrage ; il posa le balai dans l'écurie et courut se débarbouiller à la pompe.

« Je me nettoierai aussi bien à grande eau que si j'usais le savon de Mme Bonard. Frédéric a dit vrai ; je suis à la charité de M. et Mme Bonard : je dois faire le moins de dépense possible. »

Julien soupira ; puis il se lava, se frotta si bien, qu'il sortit très propre de dessous la pompe ; il démêla ses cheveux bien lavés avec le peigne de l'écurie qui servait aux chevaux, mit du linge blanc, une vieille blouse déteinte, mais propre, ses souliers ferrés, et alla retrouver dans la salle Mme Bonard, qui l'attendait en raccommodant du linge. Elle l'examina.

MADAME BONARD.

Bien ! tu es propre comme cela. La blouse n'est pas des plus neuves, mais tu en achèteras une à la foire prochaine.

JULIEN.

Et M. Bonard ? Est-ce qu'il ne vient pas ?

MADAME BONARD.

Il va nous rejoindre chez l'Anglais ; il a été marchander un troupeau d'oies. »

Ils se mirent en route ; Julien parlait peu, il était triste.

MADAME BONARD.

Qu'est-ce que tu as, mon Julien ? Tu ne dis rien ; tu es tout sérieux, comme qui dirait triste.

Mme Bouard examina Julien.

JULIEN.

Je ne crois pas, maîtresse, je n'ai rien qui me tourmente.

MADAME BONARD.

Tu es peut-être honteux de ta blouse?

JULIEN.

Pour ça non, maîtresse; elle est encore trop belle pour ce que je vaux et pour l'ouvrage que je fais chez vous.

MADAME BONARD.

Qu'est-ce que tu dis donc? Tu travailles du matin au soir; le premier levé, le dernier couché.

JULIEN.

Oui, maîtresse; mais quel est l'ouvrage que je fais? A quoi suis-je bon? A me promener toute la journée avec un troupeau de dindes? Ce n'est pas un travail, cela.

MADAME BONARD.

Et que veux-tu faire de mieux, mon ami? Quand tu seras plus grand, tu feras autre chose.

JULIEN.

Oui, maîtresse; mais en attendant, je mange votre pain, je bois votre cidre, je vous coûte de l'argent; c'est une charité que vous me faites, et je ne puis rien pour vous, moi; voilà ce qui me fait de la peine. »

Julien passa le revers de sa main sur ses yeux. Mme Bonard s'arrêta et le regarda avec surprise.

MADAME BONARD.

Ah çà! qu'est-ce qui te prend donc? Où as-tu pris toutes ces idées?

JULIEN.

On me l'a dit, maîtresse; de moi-même je n'y avais pas pensé: je suis trop bête pour l'avoir compris tout seul.

MADAME BONARD.

Si je savais quel est le méchant cœur qui t'a donné ces sottes pensées, je lui dirais ce que j'en pense, moi. Ce n'est pas toi qui es bête, c'est l'imbécile qui t'a fait croire tout ce que tu viens de me débiter. Nomme-le-moi, Julien; je veux le savoir.

JULIEN.

Pardon, maîtresse; je ne peux pas vous le dire, puisque vous trouvez qu'il a mal fait.

MADAME BONARD.

Bon garçon, va! Mais n'en crois pas un mot, c'est tout des mensonges. J'ai besoin de toi, et tu me fais l'ouvrage d'un homme, et tu prends mes intérêts, et je serais bien embarrassée sans toi.

JULIEN.

Merci bien, maîtresse, vous avez toujours été bonne pour moi. »

Ils continuèrent leur chemin et arrivèrent bientôt chez M. Georgey; le père Bonard les attendait à la porte.

CAROLINE.

Entrez, entrez, Madame Bonard; mon maître est ici dans la salle. »

Caroline ouvrit la porte de la salle où M. Georgey les attendait.

M. GEORGEY.

Bonjour, *good morning*, pour lé société. J'avais

une faim terrible pour lé turkey. Vitement, Caroline ; jé sentais lé parfumerie du *turkey*, ça me faisait un creusement dans lé *stomach*.

— Et vous allez bien, Monsieur ! dit Mme Bonard pour dire quelque chose.

M. GEORGEY.

Oh *yes! perfectly well!*

MADAME BONARD.

Julien s'est fait beau pour venir chez vous, Monsieur ; nous sommes tous bien reconnaissants....

M. GEORGEY.

Oh ! *dear* ! taisez-vous. Quand jé sentais lé turkey, moi pas dire rien du tout pour le creusement du *stomach* ; moi penser au turkey et pas entendre riéne qué lé triturement du graisse.... A table tout lé société. J'entendais lé turkey. »

Caroline arrivait en effet avec la dinde cuite à point, exhalant un parfum qui fit sourire l'Anglais ; ses longues dents se découvrirent jusqu'aux gencives, ses yeux brillèrent comme des escarboucles, et il commença à dépecer la superbe bête, qui pesait plus de dix livres. Il en distribua largement aux convives, prit sa part, un quart d'heure après il n'en restait rien que la carcasse.

M. GEORGEY, *avec calme*.

La deuxième turkey, Caroline. »

Chacun se regarda avec surprise. Caroline sourit de leur étonnement.

M. GEORGEY, *vivement*.

La deuxième turkey, j'avais commandé. Quand j'avais commandé un fois, jé voulais pas commander un autre fois ; c'était un troublement pour lé *stomach*. »

Caroline se dépêcha d'apporter la seconde dinde; l'Anglais la découpa et voulut en servir de larges parts comme la première fois; mais Mme Bonard partagea son énorme morceau avec son mari.

M. GEORGEY.

Oh! quoi vous faisez, Madme Bonarde? Vous pas manger tout? Vous pas trouver excellent le turkey graissé par vous?

MADAME BONARD.

Si fait, Monsieur, mais nous ne pouvons plus manger, Bonard et moi. Vous nous en aviez déjà servi un gros morceau.

M. GEORGEY, *à mi-voix*.

C'était drôle! C'était très beaucoup drôle!... Toi, pétite Juliène, toi, ma pétite favorisé, tu veux encore et toujours? Véritablement?

JULIEN.

Oui, Monsieur! C'est si bon la dinde! Je n'en avais jamais mangé.

M. GEORGEY.

Jamais... mangé turkey.... Pétite malheureuse! Jé té donnais turkey, moi. Donné lé plateau.... Un pièce,... un autre pièce.... un tr,...

— Miséricorde! s'écria Mme Bonard en riant et en enlevant l'assiette des mains de M. Georgey; vous allez tuer mon pauvre Julien.

M. GEORGEY.

No, no, turkey jamais tuer; turkey léger,... étouffait jamais le *stomach*.

Il recommença à manger de plus belle. Il resta à peine la moitié du second dindon.

Caroline se dépêcha d'apporter la seconde dinde.

M. GEORGEY.

Enlevez, Caroline; donnez lé..., lé..., lé *hare*....
Vous pas comprendre lé *hare*?... La longue animal.... Comment vous lé dites? Une, une lévrière?

CAROLINE.

Ah! je comprends. Monsieur veut dire le lièvre.

M. GEORGEY.

Yes, yes, *my dear*, lé lévrier. Jé disais bien, pourquoi vous pas comprendre? C'était par grognement; vous voulais pas me donner à manger l'autre turkey, et vous *furious* pour cette chose. Allez, *my dear*, allez vitement cherchez le lévrier, et vous être bonne garçone comme pétite Juliène. »

Caroline, qui n'était pas du tout furieuse, sortit en riant et rapporta un lièvre magnifique avec une sauce de gelée de groseilles.

M. GEORGEY.

Madme Bonarde, *my dear*, vous manger un petit pièce de lévrier.

MADAME BONARD.

Volontiers, Monsieur, mais pas beaucoup, très peu. »

M. Georgey lui en coupa un morceau de deux livres.

MADAME BONARD.

Je ne pourrai jamais avaler tout cela, Monsieur; je vais partager avec mon mari.

M. GEORGEY.

Madme Bonarde, cela était une beaucoup petit pièce; povre m'sieur Bonarde n'avoir riène du tout. »

M. Georgey eut beau insister, ils déclarèrent en avoir plus qu'ils n'en pouvaient avaler. Julien en mangea de manière à contenter M. Georgey, qui le regardait avec une satisfaction visible. Il les fit boire en proportion de ce qu'ils avaient mangé; après le lièvre on avait servi des petits pois, puis une crème à la vanille. Julien avalait, avalait; l'Anglais riait et se frottait les mains. Bonard riait et chantait; Mme Bonard sentait sa tête tourner et s'inquiétait. Caroline sautillait, riait, versait à boire et parlait comme une pie.

M. GEORGEY.

Stop, Caroline, *my dear*. Jé voulais plus donner à boire; ils étaient tous en tournoiement. Vous, Caroline, taisez-vous et courez vitement apporter le *coffee*, et laissez-nous en tranquillité. »

Caroline rentra peu d'instants après avec le café; M. Georgey en fit boire deux tasses à chacun de ses convives.

M. GEORGEY.

C'était très bon pour enlever lé tournoiement, *my dear*. Après le *coffee* nous parler tout lé jour; quand lé lune est arrivée, jé rentrer vous dans lé maison à vous.

MADAME BONARD.

Pardon, Monsieur, il faut que je m'en aille tout à l'heure; nous avons à faire chez nous.

M. GEORGEY.

Quoi vous avoir à faire? Frédéric il était là.

MADAME BONARD.

Mais il ne fera pas du tout ce qu'il y a à faire dans la ferme, Monsieur. Les vaches, les chevaux, les cochons à soigner. Et puis les dindes qui n'ont pas été au champ.

M. GEORGEY.

Alors nous tous partir à la fois, et moi aider pour les turkeys avec ma pétite Juliène, et moi converser avec lé pétite Juliène. Jé commençais.

« Écoute mon raison, pétite Juliène. Tu avais battu Caroline pour les turkeys, c'était très fort joli ; tu avais dit *no, no*, pour son *money*, c'était plus excellent encore. Tu avais battu moi, fort, très fort, c'était admirable, et jé dis admirable !

« Alors j'avais dit dans mon cervelle : Pétite Juliène était une honnête créature ; quoi il faisait avec Mme Bonarde ? Il gardait les turkeys. Ce n'était pas une instruction, garder turkeys et batter moi et Caroline. Jé voulais faire bien à pétite Juliène ; jé lé voulais. Quand jé disais, jé lé voulais, jé faisais. Écoutez encore.

« Jé un grande multitude de *money*. Jé donnais à pétite Juliène des habillements ; jé payais lé master dé lecture et dé l'écriture, et dé compteries, et dé dessination, et jé lé prenais pour mon fabrication, et pour mon dessinement, et jé lé prenais pour mon comptement, et pour mon caissement ; et jé lé faisais un grande instruction, et jé lui avais un grande fortune. Voilà, pétite Juliène. Tu voulais ? Mme Bonarde voulait. Moi, jé voulais, tout le monde voulait. »

Tout le monde se regardait, et personne ne savait que répondre. Refuser de si grands avantages pour Julien était une folie et un égoïsme impardonnable. Mais perdre Julien était pour les Bonard un vrai et grand chagrin. Ils se taisaient, ne sachant à quoi se résoudre.

Julien pensait, de son côté, qu'il ne trouverait jamais une si bonne occasion d'assurer son avenir tout en débarrassant les Bonard de la charge qu'ils s'étaient imposée en le recueillant dans son malheur; le souvenir du reproche de Frédéric le poursuivait et le rendait malheureux.

« Que pourrai-je jamais faire pour ne plus être à la charité de mes excellents maîtres? se disait-il. N'ont-ils pas Frédéric pour les aider à la ferme? Il est grand, fort, robuste. Et moi qui n'ai que douze ans, qui suis petit, chétif, sans force, à quoi pourrai-je être employé? »

Et il se décidait à accepter l'offre de M. Georgey lorsque se présentait à son esprit le chagrin de quitter M. et Mme Bonard, l'apparence d'ingratitude qu'il se donnerait en acceptant la première offre qui lui était faite par un inconnu, un étranger, un homme qu'il connaissait à peine, qui semblait être, il est vrai, brave homme, généreux, mais dont les idées originales, le langage bizarre, pouvaient amener des choses fort pénibles et tout au moins très désagréables.

M. Georgey ne disait plus rien; il les examinait tous. Enfin, Mme Bonard trouva un moyen pour gagner du temps.

« Monsieur, dit-elle, Julien fera comme il voudra, mais il faut que vous me le laissiez jusqu'à ce que mes dindons soient vendus à la foire.

M. GEORGEY.

Quand c'est lé foire?

MADAME BONARD.

Dans trois semaines, Monsieur.

M. GEORGEY.

Very well, my dear; dans les trois semaines jé vénais demander Juliène.

— Mais je n'ai encore rien dit, maîtresse », s'écria Julien.

Et il éclata en sanglots.

Pendant quelques instants l'Anglais le regarda pleurer. Puis il lui passa plusieurs fois la main sur la tête, et dit d'une voix attendrie et très douce :

« Povre pétite Juliène ! Bonne pétite Juliène ! pleurer par chagrinement de quitter master et Mme Bonarde ? C'était très joli, très attachant. *Don't cry*,... mon pétite Juliène. Toi être consolé, moi t'aimer beaucoup fort; toi aider Caroline, aider moi, misérable homme tout solitaire qui vois pas personne pour affectionner; moi qui cherchais un honnête garçone pour rendre heureux et qui trouvais personne.

« Pleure pas, pétite Juliène, toi faire comme ton volonté. Jé té faisais demain et tous les matinées un rencontrement avec les turkeys. Quand il fera trois semaines, toi diras à moi oui ou non. »

Georgey lui secoua fortement la main. Julien leva sur lui ses yeux baignés de larmes, baisa la main qui serrait encore la sienne, essaya de parler, mais ne put articuler une parole.

VIII

FAUSSETÉ D'ALCIDE

Tout le monde se leva ; les Bonard et Julien pour retourner à la ferme ; l'Anglais pour les reconduire.

MADAME BONARD.
Vous venez avec nous, Monsieur?

M. GEORGEY.
Yes, Madme Bonarde ; jé promenais en votre compagnie. Moi aimais beaucoup prendre un promenade en votre compagnie. Moi voulais voir les turkeys. Jé avais un peu beaucoup peur Frédéric mangeait les turkeys dans l'absentement de pétite Juliène.

MADAME BONARD, *riant*.
Oh! Monsieur, Frédéric ne mangera pas qua-

rante-quatre dindons, malgré qu'il soit un peu gourmand.

M. GEORGEY.

Frédéric était gourmand! *Fy!* C'était laide, c'était affreuse, c'était horrible d'avoir lé gourmandise. Petite Juliène n'avait pas lé gourmandise. Il aimait turkey, mais pas lé gourmandise. »

Les Bonard ne purent s'empêcher de rire; Julien lui-même sourit en regardant rire ses maîtres.

M. GEORGEY.

Quoi vous avez, Madme Bonarde? J'avais dit un sottise? Eh! j'étais content alors. Pétite Juliène il riait, il avait fini lé pleurnichement. »

M. Georgey se mit à rire aussi; mais il avait à peine eu le temps d'ouvrir la bouche et de montrer ses longues dents, que Bonard, qui marchait un peu en avant, s'écria :

« Ah! coquin! Je t'y prends, enfin! »

Et il s'élança dans le bois.

Tout le monde s'arrêta avec surprise; Bonard avait disparu dans le fourré. M. Georgey était un peu en arrière; il n'avait pas encore tourné le coin du bois.

MADAME BONARD.

Qu'y a-t-il donc ? Julien, as-tu vu quelque chose?

JULIEN.

Rien du tout, maîtresse. Je ne sais pas ce que c'est.

M. GEORGEY.

My goodness! Jé voyais! Jé voyais! Il courait! Il sautait lé fosse! Il tombait! Eh! vitement! Master Bonard il arrivait! Oh! *very well!* il était au fondation dé fossé. Ah! ah! ah! master Bonard il s'arrêtait. Master Bonard il voyait pas!... Il rentrait dans lé buissonnement. C'était sauvé! Bravo! bravo! *my dear!* c'était très joli. Alcide il était beaucoup fort habile.

MADAME BONARD.

Que voyez-vous donc, Monsieur Georgey? Qu'est-ce que c'est? Je ne vois rien, moi. »

M. Georgey lui expliqua avec beaucoup de peine qu'étant resté en arrière il avait vu ce qui s'était passé au tournant du petit bois. Alcide en était sorti en courant, poursuivi par M. Bonard qui se trouvait encore dans le plus épais du taillis; Alcide, se voyant au moment d'être pris, avait sauté dans le fossé; s'y était couché tout de son long, caché par un saule dont les branches retombaient sur le fossé; que M. Bonard, sorti du bois, n'avait plus trouvé Alcide et revenait sans doute à la ferme à travers bois.

Mme Bonard ne trouva pas la chose aussi plaisante et hâta le pas pour rejoindre son mari. Julien le suivit, malgré les appels réitérés de M. Georgey, qui restait à la même place et qui voulait aller chercher Alcide dans son fossé.

Mme Bonard arriva à la ferme en même temps que son mari.

MADAME BONARD.

C'est-il vrai, Bonard, que tu as vu Alcide? Pourquoi as-tu couru après lui?

BONARD.

Parce que je croyais avoir aperçu Frédéric; je voulais le prendre sur le fait.

MADAME BONARD.

Étaient-ils vraiment ensemble? M. Georgey n'a vu qu'Alcide tout seul qui est tombé dans le fossé en sortant du bois.

BONARD.

Je n'ai plus vu personne. Mais nous allons bien voir si Frédéric est à la ferme. Si je ne le trouve pas, c'est qu'il doit être encore avec ce coquin d'Alcide, et qu'ils se sont sauvés chacun de leur côté. Va voir à l'étable pendant que je vais voir à l'écurie. »

Bonard entra dans l'écurie et aperçut Frédéric couché sur des bottes de foin et profondément endormi.

« C'est étonnant, se dit-il; j'aurais juré qu'ils étaient deux. »

Il s'approcha de Frédéric, le poussa légèrement; Frédéric entr'ouvrit les yeux, se souleva à demi et retomba endormi.

BONARD, *à mi-voix*.

Il dort tout de bon! C'est singulier tout de même. »

Et il s'en alla en refermant la porte.

A peine fut-il sorti que Frédéric se releva.

« J'ai eu une fameuse peur! Une seconde de plus, j'étais pris. C'est-il heureux que je me sois trouvé caché par un buisson et que j'aie pu rentrer par la porte de derrière avant le retour de mon père. Alcide se sera échappé, je suppose. A-t-il détalé! Ha! ha! ha!

« Et ces diables de chevaux qui n'ont pas dîné! Heureusement qu'ils ne parleront pas.... Il faut que je revoie Alcide avant la foire, tout de même ; nous ne sommes convenus de rien ; et, comme il dit, il nous faut de l'argent pour nous amuser. » Frédéric secoua les brins de foin restés attachés à ses vêtements, sortit de l'écurie et entra dans la maison, où il parut étonné de trouver tout le monde rentré.

FRÉDÉRIC.

Ah! vous voilà de retour? Y a-t-il longtemps?

BONARD.

Quelques instants seulement. Je t'ai trouvé dormant dans l'écurie ; je n'ai pas voulu te réveiller, pendant que tu avais eu du mal à faire seul tout l'ouvrage de la ferme et que tu étais fatigué.

FRÉDÉRIC.

Ça, c'est vrai, j'étais très fatigué....

MADAME BONARD, *sèchement*.

Tu n'avais pourtant pas tant d'ouvrage! Les animaux à nourrir ; ton dîner à chauffer et à manger ; voilà tout.

FRÉDÉRIC.

C'est que les cochons m'ont fait joliment courir ; ils avaient passé dans le bois, et de là ils étaient au moment d'entrer dans l'orge ; ils y auraient fait un joli dégât, vous pensez!

MADAME BONARD, *de même*.

Par où donc ont-ils passé? tout est bien clos.

FRÉDÉRIC, *embarrassé*.

Par où, je ne puis vous dire ; le fait est qu'ils y étaient.

MADAME BONARD.

Les as-tu enfermés?

FRÉDÉRIC.

Je crois bien; mais après qu'ils m'ont fait courir plus d'une heure.

MADAME BONARD.

C'est bon, tais-toi!

BONARD.

Qu'as-tu donc, femme? tu as l'air tout en colère contre Frédéric; il n'a pas fait pourtant grand mal en se reposant une heure.

MADAME BONARD.

Bah! il n'était pas fatigué; il n'avait pas besoin de se reposer.

BONARD.

Qu'en sais-tu?

MADAME BONARD.

Je sais ce que je sais. Frédéric, va me chercher des pommes de terre et le morceau de porc frais dans la cave. »

Frédéric, étonné du ton sec de sa mère, sortit tout troublé et alla à la cave, mais pour n'y rien trouver, puisqu'il venait de manger avec Alcide ce que sa mère demandait.

« Que vais-je dire? se demanda-t-il. Alcide me conseille de nier que j'y ai touché, mais ils ne le croiront pas. Cet Alcide est par trop gourmand; j'avais beau lui dire de n'y pas toucher, de nous contenter de ce qu'on m'avait laissé (et il y en avait grandement pour deux), il m'a fallu lui céder. Il m'aurait battu! C'est qu'il me tient, à présent. J'ai partagé avec lui le profit des dindons, et je ne

« C'est que les cochons m'ont fait joliment courir. » (Page 105.)

peux plus m'en dépêtrer. Avec cela qu'il me mène toujours à mal et que je ne suis guère heureux depuis que je l'ai écouté; j'ai toujours peur de mes parents, de Julien, d'Alcide lui-même.... Il est méchant cet Alcide; il serait capable de me dénoncer, de dire que c'est moi qui l'ai mal conseillé, et je ne sais quoi encore. Quand il me fait ses raisonnements, il me semble qu'il dit vrai; mais quand je me retrouve seul, je sens qu'il a tort.... Pourquoi l'ai-je écouté, mon Dieu! Pourquoi n'ai-je pas fait comme Julien!

JULIEN, *accourant*.

Frédéric! Frédéric! Mme Bonard te demande; elle s'impatiente; elle dit qu'il lui faut sa viande tout de suite pour qu'elle ait le temps de la préparer pour ce soir. »

Frédéric ne savait que dire. Julien le regardait avec étonnement.

« Qu'as-tu donc? Es-tu malade?

FRÉDÉRIC.

Non, pas malade, mais embarrassé; je ne trouve pas le morceau de porc; je ne sais que faire.

JULIEN, *l'examinant*.

Mais qu'est-il devenu?

FRÉDÉRIC.

Je n'en sais rien; quelqu'un l'aura pris.

JULIEN.

Pris! Ici, dans la cave! C'est impossible! Dis-moi vrai; tu l'as mangé? »

Frédéric ne répondit pas.

JULIEN.

Tu l'as mangé, et pas seul, n'est-ce pas?

FRÉDÉRIC, *effrayé*.

Tais-toi! si on t'entendait!

JULIEN.

Écoute, Frédéric, je sais qu'Alcide était avec toi tantôt; je devine qu'il t'a donné de mauvais conseils, comme il fait toujours. Sais-tu ce qu'il faut faire? Avoue la vérité à ta mère, elle est si bonne; elle te pardonnera si elle voit que tu te repens sincèrement.

FRÉDÉRIC.

Je n'oserai jamais; mon père me battrait.

JULIEN.

Non; tu sais que ce qui le met en colère contre toi, c'est quand il voit que tu mens; mais, si tu lui dis la vérité, il te grondera, mais il ne te touchera pas. »

Pendant que Frédéric hésitait, Mme Bonard s'impatientait.

« Je n'aurai pas le temps de faire cuire ma viande,... dit-elle. Je vais y aller moi-même; ce sera plus tôt fait. »

Elle arriva en effet au moment où Julien disait sa dernière phrase.

MADAME BONARD.

Qu'est-ce qu'il y a? Encore une de tes sottises, Frédéric? »

Frédéric tressaillit et resta muet.

JULIEN.

Parle donc! Dis à Mme Bonard ce que tu me disais tout à l'heure, que tu es bien fâché, que tu ne recommenceras pas. »

Frédéric continuait à se taire ; Mme Bonard, étonnée, regardait tantôt l'un, tantôt l'autre.

MADAME BONARD.

Où est le morceau de porc frais? L'aurais-tu mangé en compagnie de ce gueux d'Alcide?

JULIEN.

Tout juste, maîtresse ; et c'est ce que Frédéric n'ose vous dire, malgré qu'il en ait bonne envie et qu'il le regrette bien. Et il promet bien de ne pas recommencer.

MADAME BONARD.

C'est-il bien vrai ce que dit Julien?

FRÉDÉRIC.

Oui, maman, très vrai ; Alcide m'a obligé de lui laisser manger le morceau que vous aviez préparé pour ce soir, et il m'a obligé à le partager avec lui.

MADAME BONARD.

Obligé! obligé! c'est que tu l'as bien voulu. Mais enfin, puisque tu l'avoues, que tu ne mens pas comme d'habitude, je veux bien te pardonner et n'en rien dire à ton père. Mais ne recommence pas, et ne fais plus de causerie avec ce méchant Alcide qui te mène toujours à mal. Julien, cours vite chercher quelque chose chez le boucher, et reviens tout de suite. »

Julien y courut en effet et rapporta un morceau de viande, que Mme Bonard se dépêcha de mettre au feu. Bonard ne se douta de rien, car il était parti pour travailler, et quand il rentra, la soupe était prête, la viande cuite à point et le couvert mis. Mme Bonard profita de son tête-à-tête avec Frédéric pour lui parler sérieusement, pour lui démontrer le mal que lui faisait Alcide, et les chagrins qu'il leur préparait à tous. Frédéric promit de ne plus voir ce faux ami, et fut très satisfait de s'en être si bien tiré.

IX

IL A JULIEN

Pendant quelques jours tout alla bien; Frédéric fuyait Alcide; Julien menait ses dindes aux champs, M. Georgey venait l'y rejoindre tous les jours à deux heures, s'asseyait près de lui, ne disait rien de ses projets et se faisait raconter tous les petits événements de la vie de son protégé : son enfance malheureuse, la misère de ses parents, la triste fin de son père mort du choléra, et de sa mère, morte un an après de chagrin et de misère; son abandon, la charitable conduite de M. et de Mme Bonard, et leur bonté à son égard depuis plus d'un an qu'il était à leur charge.

M. GEORGEY.

Et toi, pauvre petite Juliène, toi étais pas heureuse? demanda-t-il un jour.

JULIEN.

Je serais heureux, Monsieur, si je ne craignais de gêner mes bons maîtres. Ils ne sont pas riches ; ils n'ont que leur petite terre pour vivre, et ils travaillent tous deux au point de se rendre malades parfois.

M. GEORGEY.

Et Frédric? Il était une fainéante?

JULIEN, *embarrassé*.

Non, M'sieur : mais.. , mais....

M. GEORGEY.

Très bien, très bien, pétite Juliène, jé comprénais ; jé voyais lé vraie chose. Toi voulais pas dire mal. Et Frédric il était une polissonne, une garnement mauvaise, une voleur, une....

JULIEN, *vivement*.

Non, non, Monsieur ; je vous assure que....

M. GEORGEY.

Jé savais, jé disais, jé croyais. Tais-toi, pétite Juliène.... Prends ça, pétite Juliène, ajouta-t-il en lui tendant une pièce d'or. Prendez, jé disais : prendez, répéta-t-il d'un air d'autorité auquel Julien n'osa pas résister. C'était pour acheter une blouse neuf. »

M. Georgey se leva, serra la main de Julien, et s'en alla d'un pas grave et lent sans tourner la tête.

Le lendemain, M. Georgey revint s'asseoir comme de coutume près de Julien, pour l'interroger et le faire causer. En le quittant, il lui tendit une nouvelle pièce d'or, que Julien refusa énergiquement.

JULIEN.

C'est trop, M'sieur, c'est trop ; vrai, c'est beaucoup trop.

M. GEORGEY.

Pétite Juliène, jé voulais. C'était pour acheter lé *inexpressible* (pantalon). »

Et, comme la veille, il le força à accepter la pièce de vingt francs.

Le surlendemain, même visite et une troisième pièce d'or.

« C'était pour acheter une gilète et une couverture pour ton tête. Jé voulais. »

Pendant deux jours encore, M. Georgey lui fit prendre de force sa pièce de vingt francs. Julien était reconnaissant, mais inquiet de cette grande générosité.

Tous les jours il remettait sa pièce d'or à Mme Bonard en la priant de s'en servir pour les besoins du ménage.

JULIEN.

Moi, je n'ai besoin de rien, maîtresse, grâce à votre bonté; et je serais bien heureux de pouvoir vous procurer un peu d'aisance.

MADAME BONARD.

Bon garçon! je te remercie, mon enfant; je n'oublierai point ce trait de ton bon cœur. »

Mme Bonard l'embrassa, mit sa pièce d'or dans un petit sac et se dit :

« Puisse l'Anglais remplir ce sac; ce serait une fortune pour cet excellent enfant! Quel malheur que Frédéric ne lui ressemble pas! »

La veille du jour de la foire, M. Georgey vint à la ferme Bonard.

« Madme Bonarde, dit-il en entrant, combien il reste de turkeys à vous?

MADAME BONARD.

Vous en avez mangé douze, Monsieur : il m'en reste trente-quatre.

M. GEORGEY.

Madme Bonarde, vous vouloir, s'il plaît à vous, les conserver pour moi?

MADAME BONARD.

Mais, Monsieur, je ne puis pas les garder si longtemps : leur nourriture coûterait trop cher.

M. GEORGEY.

Madme Bonarde, moi aimer énormément beaucoup le turkey; moi payer graine et tout pour leur graissement, et moi payer dix francs par chacune turkey.

MADAME BONARD.

Oh non! Monsieur, c'est trop. Du moment que vous payez la nourriture, six francs par bête, c'est largement payer.

M. GEORGEY.

Madme Bonarde, moi pas aimer ce largement; moi aimer lé justice et moi vouloir forcément, absolument payer dix francs. Jé voulais. Vous savez, jé voulais.

MADAME BONARD.

Comme vous voudrez, Monsieur; je vous remercie bien, Monsieur; c'est un beau présent que vous me faites et que je ne mérite pas.

M. GEORGEY.

Vous méritez tout à fait bien. Vous très excellente pour ma pétite Juliène, et moi vous demander une grande chose par charité. Donnez-moi lé pétite

Juliène. Jé vous démande très fort. Donnez-moi lé pétite Juliène.

MADAME BONARD.

Mais, Monsieur, je veux que mon Julien ne change pas sa religion; les Anglais ne sont pas de la religion catholique comme nous.

M. GEORGEY.

Oh! *yes!* moi Anglais catholique, moi du pays Irlande; lé pétite Juliène catholique comme moi. Vous voyez pas moi à votre église comme vous!... Pourquoi vous pas dire rien? Jé vous démande lé pétite Juliène. »

Mme Bonard pleurait et ne pouvait répondre.

M. GEORGEY.

Vous pas comprendre, lé pétite Juliène être très fort heureuse avec moi. Lui apprendre tout; avoir l'argent beaucoup; avoir lé bonne religion catholique. Tout ça excellent.

MADAME BONARD.

Vous avez raison, Monsieur; je le sais, je le vois.... Prenez-le, Monsieur, mais après la foire.

M. GEORGEY.

Bravo, Madme Bonarde, vous bonne créature; moi beaucoup remercier vous. Jé viendrai lé jour de lendemain du foire. Adieu, bonsoir. »

M. Georgey s'en alla se frottant les mains; en passant devant le champ où Julien gardait les dindons, il lui annonça le consentement de Mme Bonard, lui promit de le rendre très heureux, de lui faire apprendre toutes sortes de choses, et de le laisser venir chez les Bonard tous les soirs.

Julien ne pleura pas cette fois; il commençait à

avoir de l'amitié pour l'Anglais, qui avait été si bon pour lui; il comprenait que chez M. Georgey il ne serait à charge à personne, qu'il y recevrait une éducation meilleure que chez Mme Bonard. Et puis, il craignait un peu de se laisser gagner par le mauvais exemple de Frédéric et par les détestables conseils d'Alcide, qu'il ne pouvait pas toujours éviter.

Julien se borna donc à soupirer; il remercia M. Georgey et lui promit de se tenir prêt pour le surlendemain. M. Georgey lui secoua la main, lui dit qu'il le reverrait à la foire, et s'en alla très content.

A peine fut-il parti qu'Alcide sortit du bois.

ALCIDE.

Bonjour, Julien, tu gardes toujours tes dindons? Belle occupation, en vérité!

— J'aime mieux garder les dindons que les voler, répondit sèchement Julien.

ALCIDE.

Ah! tu m'en veux encore, à ce que je vois. Ne pense plus à cela, Julien; j'ai eu tort, je le sais, et je t'assure que je ne recommencerai pas. Viens-tu à la foire demain?

JULIEN.

Je n'en sais rien; c'est comme Mme Bonard voudra. Je n'y tiens pas beaucoup, moi.

ALCIDE.

Tu as tort : ce sera bien amusant; des théâtres, des drôleries, des tours de force de toute espèce.

JULIEN.

Tu ne verras rien de tout cela, toi, puisque tu n'as pas d'argent.

« J'ai du bon tabac dans ma tabatière. » (Page 121.)

ALCIDE.

Bah! on trouve toujours moyen de s'en procurer. Et puis, je suis convenu avec Frédéric d'y conduire l'Anglais; il nous régalera.

JULIEN.

Alcide, tu vas faire quelques tromperies à ce bon M. Georgey. Je ne veux pas de ça, moi.

ALCIDE.

Quelle tromperie veux-tu que je lui fasse? Ce n'est pas que ce soit difficile, car il est bête comme tout; on lui fait accroire tout ce qu'on veut

JULIEN.

Il n'est pas bête; il est trop bon. Si tu l'as trompé avec tes dindons, c'est parce qu'il a eu confiance en toi et qu'il t'a cru honnête.

ALCIDE, *en ricanant*,

Tu m'ennuies avec tes dindons, tu répètes toujours la même chose! Si tu crains que nous ne trompions ton Anglais, viens avec lui; tu nous empêcheras de l'attraper, tu le protégeras contre nous.

JULIEN.

Ma foi, je ne dis pas non; et ce serait une raison pour aller à cette foire dont je ne me soucie guère pour mon compte.

ALCIDE.

Vas-y ou n'y va pas, ça m'est égal. Frédéric et moi, nous irons avec l'Anglais, tu peux bien y compter. »

Alcide mit ses mains dans ses poches et s'en alla en sifflant :

> J'ai du bon tabac dans ma tabatière.
> J'ai du bon tabac, tu n'en auras pas.

Julien le suivit des yeux quelque temps.

« J'irai, se dit-il. Je vais demander à Mme Bonard d'y aller. J'irai avec le bon M. Georgey, et peut-être lui serai-je utile. »

Alcide se disait de son côté :

« Il ira, bien sûr qu'il ira. Il se figure qu'il nous empêchera de faire nos petites affaires. Mais il est certain qu'il nous y aidera sans le savoir.... Ce Frédéric est embêtant tout de même. S'il avait bien voulu m'écouter, nous n'aurions pas eu besoin de ce grand nigaud d'Anglais pour nous amuser.... Ce n'était pourtant pas si mal de chiper à ses parents une pièce de dix francs. Le bien des parents n'est-il pas le nôtre? Avec cela qu'il est seul enfant et que ses parents ne lui donnent jamais rien pour s'amuser.... Mais, faute de mieux, l'Anglais fera notre affaire. Nous le griserons et puis nous verrons.... Si Julien y va avec lui,... nous le griserons aussi, nous lui ferons faire ce que nous voudrons et nous lui mettrons tout sur le dos. Et puis, d'ici à demain, je trouverai peut-être un moyen de me procurer l'argent. Vive la joie! Vive le vin, la gibelotte et le café! Je ne connais que ça de bon, moi! »

X

LE COMPLOT

Julien revint avec ses dindes; il les compta, les renferma, leur donna du grain et rentra à la maison. Il n'y trouva que Frédéric; Bonard labourait encore, Mme Bonard était à la laiterie.

« Tu ne vas pas à la foire demain? demanda Frédéric à Julien.

JULIEN.

Si fait, je crois bien que j'irai. Je le demanderai ce soir à Mme Bonard.

FRÉDÉRIC, *surpris*.

Comment? tu disais hier que tu resterais à la maison.

JULIEN, *avec malice*.

Oui, mais j'ai changé d'idée.

FRÉDÉRIC.

Qu'est-ce qui gardera les dindes si tu t'en vas ?

JULIEN.

Elles ne mourront pas pour rester un jour dans la cour avec du grain à volonté.

FRÉDÉRIC.

Mais il faudra bien que quelqu'un reste pour garder la maison.

JULIEN.

Ah bien ! on t'y fera rester sans doute.

FRÉDÉRIC, *indigné*.

Moi !... par exemple ! Moi le fils de la maison ! Pendant que toi tu irais t'amuser ! Toi qui es ici par charité pour servir tout le monde !

JULIEN, *attristé*.

Je n'y resterai pas longtemps ! Ce ne sera pas moi qui te ruinerai.

FRÉDÉRIC.

Et où iras-tu ? Qu'est-ce qui voudra de toi ?

JULIEN.

Ne t'en tourmente pas. Je suis déjà placé.

FRÉDÉRIC.

Placé ! Toi placé ? Et chez qui donc ?

JULIEN.

Chez M. Georgey. Le bon M. Georgey, qui veut bien me garder chez lui. »

Frédéric retomba sur sa chaise dans son étonnement. Julien serait à la place qu'ambitionnait, qu'espérait Alcide ! Une place si pleine d'agréments, près d'un homme si facile à tromper ! Et c'était ce petit sot, ce petit pauvrard qui profitait de tous ces avantages !

« Il faut que je voie Alcide, se dit-il ; il faut que je le prévienne ; il a de l'esprit, il est fin, il trouvera peut-être un moyen de le perdre dans l'esprit de l'Anglais.... Heureusement que nous avons encore une journée devant nous. »

Julien examinait la figure sombre de Frédéric et se disait :

« Il n'est pas content, à ce qu'il paraît. Il ne veut pas que j'aille à la foire, il a peur que je ne les empêche de tromper ce pauvre M. Georgey. Raison de plus pour que j'y aille. »

Ils restèrent quelques minutes sans rien dire, sans se regarder. Mme Bonard rentra pour servir le souper. Tous deux se levèrent. Frédéric allait parler, mais Julien le prévint.

« Maîtresse, dit-il en s'avançant vers elle, j'ai quelque chose à vous demander, une chose que je désire beaucoup.

MADAME BONARD.

Parle, mon enfant ; tu ne m'as jamais rien demandé. Je ne te refuserai pas, bien sûr.

JULIEN.

Maîtresse, j'ai bien envie d'aller demain à la foire.

MADAME BONARD.

Tu iras, mon ami, tu iras. J'allais te dire de t'y préparer ; tu as bien des choses à acheter pour être vêtu proprement. Et ce n'est pas l'argent qui te manque, tu sais bien.

JULIEN.

Avec tout ce que vous m'avez déjà acheté, maîtresse, je n'ai guère plus de dix francs ; à cinq francs par mois, il faut du temps pour gagner de quoi se vêtir.

MADAME BONARD.

Dix francs ! Tu vas voir ce que tu as. »

Et, ouvrant l'armoire, elle en tira un petit sac en toile, le dénoua et étala sur la table cinq pièces de vingt francs, quatre pièces de cinq francs et trois francs soixante centimes de monnaie.

« Tu vois, mon ami, dit-elle, tu es plus riche que tu ne le pensais.

JULIEN.

Ce n'est pas à moi ces cinq pièces d'or, maîtresse. Vous savez que je vous les ai laissées pour le ménage.

MADAME BONARD.

Et tu crois, pauvre petit, que j'aurais consenti à te dépouiller du peu que tu possèdes et que tu dois à la générosité de M. Georgey. Non, ce serait une vilaine action que je ne ferai jamais.

JULIEN.

Merci, maîtresse ; je suis bien reconnaissant de votre bonté pour moi. Je puis donc aller à la foire ?

MADAME BONARD.

Certainement, mon ami ; et je t'accompagnerai pour t'acheter ce qu'il te faut.

FRÉDÉRIC.

Et moi, maman, puis-je y aller dès le matin ?

MADAME BONARD.

Non, mon garçon, tu resteras ici pour garder la maison et soigner les bestiaux jusqu'à mon retour. Je partirai de bon matin, tu pourras y aller après midi. »

Mme Bonard remit l'argent dans le sac, rattacha

la ficelle, le remit en place, ôta la clef et la posa dans sa cachette, derrière l'armoire. Puis elle se mit à faire les préparatifs du souper. Julien l'aidait de son mieux. Frédéric resta pensif; au bout de quelques instants, il se leva et sortit.

MADAME BONARD.

Où vas-tu, Frédéric?

FRÉDÉRIC.

Je vais voir si mon père est rentré avec les chevaux et s'il a besoin de moi.

MADAME BONARD.

C'est très bien, mon ami. Cela fera plaisir à ton père.

« Cela m'étonne, continua-t-elle quand il fut parti; en général, il ne fait tout juste que ce qui lui a été commandé. Je serais bien heureuse qu'il changeât de caractère. Maintenant que nous allons te perdre, mon Julien, il va bien falloir qu'il travaille davantage. Son père le fera marcher pour le gros de l'ouvrage, mais pour le détail il faudra que Frédéric y pense de lui-même et le fasse.

JULIEN.

Il le fera, maîtresse, il le fera; moi parti, il ne comptera plus sur mon aide, et il s'y mettra de tout son cœur.

MADAME BONARD.

Que le bon Dieu t'entende, mon Julien, mais je crains bien d'avoir à te chercher un remplaçant sous peu de jours. »

Julien ne répondit pas, car il le pensait aussi. Il continua à s'occuper du souper. Une demi-heure après, Bonard rentra.

BONARD.

Le souper est prêt? Tant mieux! J'ai une faim à tout dévorer.

MADAME BONARD.

A table, alors. Voici la soupe. Donne ton assiette, Bonard; et toi aussi, Julien. Et Frédéric, où est-il donc? Tu l'as laissé à l'écurie?

BONARD.

Je ne l'ai pas vu; je croyais le retrouver ici.

MADAME BONARD.

Comment ça? Il est allé il y a plus d'une demi-heure au-devant de toi pour t'aider à rentrer et à arranger les chevaux.

BONARD.

Je n'en ai pas entendu parler. Il y a longtemps que je suis revenu, puisque je leur ai fait manger leur avoine, je les ai fait boire, je leur ai donné leur foin, j'ai arrangé leur litière; il faut plus d'une demi-heure pour tout cela.

MADAME BONARD.

C'est singulier! Va donc voir, Julien. »

Julien se leva et alla à la recherche de Frédéric; mais, au lieu de regarder dans la ferme, il prit le chemin du village.

« Bien sûr, se dit-il, qu'il aura été prendre ses arrangements avec Alcide pour changer leurs heures. Il croyait aller à la foire dès le matin, et le voilà retenu jusqu'à midi. »

En effet, il rencontra Frédéric revenant avec Alcide.

« Que viens-tu faire ici? lui dit Alcide avec brusquerie. Viens-tu nous espionner?

« Que viens-tu faire ici ? »

JULIEN.

Je venais chercher Frédéric, parce que M. et Mme Bonard m'ont envoyé voir où il était. On est à table depuis quelque temps.

ALCIDE.

C'est-il vexant! Ce mauvais garnement va te dénoncer. Prends garde!

JULIEN.

Je ne l'ai jamais dénoncé, vous le savez bien tous les deux. Pourquoi commencerais-je aujourd'hui, à la veille de quitter la maison?

ALCIDE.

Qu'est-ce que tu vas dire?

JULIEN.

Je n'en sais rien, cela dépend; si on m'interroge, je dirai la vérité, bien sûr. Qu'il rentre le premier, il parlera pour lui-même; alors on ne me demandera rien.

FRÉDÉRIC, *inquiet.*

Qu'est-ce que je dirai?

ALCIDE.

Tu diras que tu as été au champ par la traverse; que, voyant la charrue dételée et restée dans le sillon, tu as pensé que ton père était rentré par l'autre chemin. Que tu as rencontré un ouvrier qui t'a dit que ton père était chez le maréchal pour faire ferrer un cheval, et que tu en revenais quand tu as rencontré Julien.

FRÉDÉRIC.

Bon, je te remercie; tu as toujours des idées pour te tirer d'affaire. »

Et, sans faire attention à Julien, Frédéric courut pour arriver à la maison le premier.

Quand il entra, il commença son explication avant qu'on ait eu le temps de l'interroger. Et il ajouta :

« Sans entrer chez le maréchal, j'ai bien vu, mon père, que vous n'y étiez pas, et je suis revenu en courant, pensant que vous ne seriez pas fâché d'avoir un coup de main.

BONARD.

Merci, mon garçon; mais quel est l'imbécile qui t'a fait le conte du cheval déferré.

FRÉDÉRIC, *embarrassé*.

Je ne sais, mon père; c'est sans doute un des nouveaux ouvriers de l'usine, car je ne l'avais pas encore vu dans le pays.

BONARD.

Mais comment me connaît-il?

FRÉDÉRIC.

Il ne vous connaît pas, je pense. Quand je lui ai demandé s'il vous avait rencontré (car il venait comme de chez nous), il m'a répondu qu'il venait de voir passer un homme avec deux chevaux dont l'un était déferré; alors j'ai pensé que vous étiez chez le maréchal.

BONARD.

Allons, c'est très bien; mais où est Julien?

FRÉDÉRIC.

Il est resté en arrière; le voilà qui arrive. »

Julien entra.

MADAME BONARD.

Viens achever ton souper, mon pauvre Julien,

je suis fâchée de t'avoir fait courir pour rien. Mangez tous les deux, vous devez avoir faim; l'heure est avancée. »

Frédéric et Julien ne se le firent pas dire deux fois; ils mangèrent la soupe, de l'omelette au lard, du boudin et des groseilles : un souper soigné; c'était le dernier que devait faire Julien chez eux.

XI

DÉPART POUR LA FOIRE

Le lendemain matin, comme Julien finissait son ouvrage, Mme Bonard vint le chercher pour aller à la foire. Ils se mirent en route.

MADAME BONARD.

Dis donc, Julien, si nous prenions M. Georgey en passant devant sa porte? Il ne va pas pouvoir s'en tirer tout seul à la foire; il se fera attraper, voler, bien sûr.

JULIEN.

Maîtresse, si vous voulez, nous y passerons seulement pour lui dire qu'il m'attende, que je viendrai le chercher vers midi.

MADAME BONARD.

Et pourquoi pas l'emmener tout de suite, puisque nous y allons ?

JULIEN.

Maîtresse, c'est que..., c'est que... j'aimerais mieux que nous ayons fini nos emplettes sans lui.

MADAME BONARD.

Pourquoi cela ?

JULIEN.

Parce que... je crains... que..., que..., qu'il ne veuille tout payer. Et il m'a déjà tant donné, que j'en serais honteux.

MADAME BONARD.

Tu as raison, Julien. C'est une bonne et honnête pensée que tu as là. »

Mme Bonard lui donna une petite tape sur la joue, et ils continuèrent leur chemin.

Julien monta chez M. Georgey pendant que Mme Bonard se reposait en causant avec Caroline, qui s'apprêtait aussi pour la foire.

« Monsieur, dit Julien en entrant, pardon si je vous dérange.

M. GEORGEY.

Pas dérangement du tout, pétite Juliène. Moi satisfait voir toi ; je voulais aller au foire avec toi.

JULIEN.

Oui, Monsieur ; je venais tout juste vous demander de m'attendre jusqu'à midi, je viendrai vous prendre.

DÉPART POUR LA FOIRE

M. GEORGEY.

Moi aimer plus aller dans lé minute. Moi voulais acheter une multitude de choses.

JULIEN.

Il y aura plus de marchands à midi, Monsieur.

M. GEORGEY.

Alors moi garder toi, pétite Juliène; nous mangerons un turkey auparavant lé foire.

JULIEN, *embarrassé*.

Je ne peux pas, Monsieur; il faut que je m'en aille.

M. GEORGEY.

Quoi c'est cet impatientement? Pourquoi il fallait partir toi seul?

JULIEN, *avec hésitation*.

Parce que Mme Bonard m'attend à la porte, Monsieur, et que....

M. GEORGEY.

Oh! *my goodness!* Madme Bonarde attendait et moi pas savoir! C'était beaucoup malhonnête, pétite Juliène. »

Et, avant que Julien eût pu l'en détourner, M. Georgey était descendu.

M. GEORGEY.

Oh! *dear!* Madme Bonarde! Moi étais fâché fort; vous rester devant mon porte et moi pas savoir. Oh! pétite Juliène, c'est très fort ridicoule! Moi faire excuses, pardon. Entrez, Madme Bonarde, s'il vous plaît.

MADAME BONARD.

Je ne peux pas, Monsieur, il faut que je mène

Julien faire des emplettes et que nous soyons de retour à midi.

M. GEORGEY.

Et lé pétite nigaude Juliène disait pas à moi les emplettes. Il disait rien. Jé allais manger un pièce. Caroline, Caroline! vitement thé, crème, *toast*. Beaucoup toast, beaucoup tasses, beaucoup crème. Vitement, Caroline. »

Caroline se dépêcha si bien, qu'un quart d'heure après, le thé et les accompagnements du thé étaient apportés dans la salle. M. Georgey força Mme Bonard et Julien à se mettre à table et à manger. Comme ils n'avaient encore rien pris, ce petit repas improvisé fut avalé avec plaisir. M. Georgey mangea une douzaine de *toasts*, c'est-à-dire des tartines de pain et de beurre grillées; chacune d'elles était grande comme une assiette. Quatre de ces tartines eussent étouffé tout autre, mais M. Georgey avait un estomac vigoureusement constitué; il n'éclata pas, il n'étouffa pas, et il se leva satisfait et pouvant sans inconvénient attendre l'heure du dîner. Un petit verre de malaga acheva de le réconforter; et, prenant son chapeau, il sortit avec Mme Bonard et Julien après avoir pris la précaution de glisser dans sa poche une poignée de pièces d'or.

La ville n'était pas loin; le temps était magnifique; ils arrivèrent au bout d'une demi-heure de marche. Pendant qu'ils achètent, que M. Georgey paye, qu'il fait d'autres emplettes pour son compte, châles, robes, fichus, bonnets, pour Mme Bonard, vêtements, chaussures, chapeau, etc., pour Julien,

M. Georgey sortit avec Mme Bonard et Julien.

présents d'espèces différentes pour d'autres qu'il voulait récompenser des petits services qu'il en avait reçus, Frédéric et Alcide se rencontraient à la ferme.

XII

VOL AUDACIEUX

« Eh bien, dit Alcide en arrivant, sont-ils tous partis?

FRÉDÉRIC.

Tous partis jusqu'à midi; il est dix heures, nous avons deux heures devant nous.

ALCIDE.

C'est bon; on fait bien des choses en deux heures. Julien est à la foire avec ta mère, m'as-tu dit hier; l'Anglais les rejoindra, bien sûr, ou plutôt Julien l'aura pêché quelque part.

FRÉDÉRIC.

Et toute notre partie est manquée. Julien va empêcher l'Anglais de nous amuser, de payer pour nous. Ce sera assommant!

ALCIDE.

Laisse donc! Nous empaumerons Julien; il n'est pas si saint qu'il le paraît; trois ou quatre verres de vin et nous le tenons.

FRÉDÉRIC.

Mais, pour commencer, nous n'avons pas d'argent.

ALCIDE.

J'y ai pensé; il faut en faire. Il est possible que Julien prévienne l'Anglais et qu'il l'empêche de nous inviter à l'accompagner. Et moi qui pense à tout, j'ai pris mes précautions. Les dindes sont ici, n'est-ce pas?

FRÉDÉRIC.

Mais oui, puisque l'Anglais veut les manger toutes; on les lui garde.

ALCIDE, *riant*.

Et ce sera toi qui les garderas; ce sera bien amusant.

FRÉDÉRIC.

Ne m'en parle pas; j'en suis en colère rien que d'y penser. Avec cela, mon père qui sera toujours sur mon dos.

ALCIDE.

Eh bien, je vais t'aider à diminuer leur nombre pour qu'ils soient plus tôt mangés; tu vas voir.

FRÉDÉRIC.

Tu ne vas pas en tuer, j'espère. Je ne veux pas de ça, moi.

ALCIDE.

Tu me prends donc pour un nigaud. Attends-moi un instant que j'aille chercher mon homme.

FRÉDÉRIC.

Quel homme? Je veux savoir; je veux.... »

Alcide était bien loin, il avait couru à la barrière; deux minutes après, il rentrait avec un gros homme en sabots et en blouse.

« Tenez, Monsieur Grandon, voici les dindes; elles sont belles, bien engraissées, bonnes à manger, comme vous voyez. Choisissez-en deux, comme nous sommes convenus. »

L'homme examina les dindes.

« Oui, elles sont en bon état; et combien la pièce?

ALCIDE.

Dame! voyez ce que vous voulez en donner.

GRANDON.

Trois francs; c'est-il assez?

ALCIDE.

Trois francs! Vous plaisantez, Monsieur Grandon? Elles valent quatre francs comme un sou; et vous les revendrez cinq à six francs pour le moins.

GRANDON.

Ceci est une autre affaire; la vente ne te regarde pas. C'est pour les faire manger que je les achète et pas pour les revendre; trois francs cinquante si tu veux, pas un liard de plus.

ALCIDE.

Je tiens à quatre francs, pas un centime de moins; on m'a commandé de tenir à quatre francs, payés comptant.

GRANDON.

Allons, va pour quatre francs, mais j'y perds; vrai, j'y perds.

ALCIDE, *ricanant*.

Ceci est une autre affaire; le gain ou la perte ne me regardent pas. Quatre francs payés de suite.

GRANDON.

Passe pour quatre francs, mauvais plaisant.

ALCIDE.

Deux dindes à quatre francs, ça fait..., ça fait?... Combien que ça fait, Frédéric? »

Frédéric ne répondit pas; la surprise le rendait muet; l'audace d'Alcide l'épouvantait; il n'osait plus lutter, et il tremblait de ce qui pouvait arriver de ce vol impudent.

GRANDON, *riant*.

Ça fait sept francs, parbleu! Tu ne sais donc pas compter?

ALCIDE.

Si fait, Monsieur Grandon, si fait; je vois bien, ça fait sept francs, comme vous dites.

GRANDON.

C'est bien heureux! Tiens, voici tes sept francs, j'emporte les bêtes; je suis en retard. »

Il ouvrit la barrière, se dépêcha de placer dans une cage à volailles les deux gros dindons, monta dans sa carriole et partit au grand trot, de peur que le vendeur ne s'aperçût que les dindes étaient payées trois francs cinquante au lieu de quatre.

Alcide compta son argent: les sept francs y étaient bien.

« Tu vois, dit-il, que nous sommes riches, que nous avons de quoi nous amuser, et que te voilà délivré de la garde de deux de ces assommantes bêtes.... Qu'as-tu donc? tu ne dis rien.

####### FRÉDÉRIC.

Alcide, qu'as-tu fait? Qu'est-ce que je vais devenir? Que puis-je dire pour m'excuser?

####### ALCIDE.

Es-tu bête, es-tu bête! Tu n'as pas plus d'imagination que ça? Tu vas venir de suite avec moi; nous allons prendre la traverse pour arriver à la ville par les champs, et nous n'y entrerons qu'après midi, quand nous serons sûrs que ta mère est revenue à la ferme.

####### FRÉDÉRIC.

Mais ça ne dit pas comment les deux dindes seront disparues?

####### ALCIDE.

Parfaitement; tu diras que tu es parti un peu plus tôt, pensant que ta mère ne tarderait pas à rentrer, que les dindes étaient dans la cour quand tu es parti. Que des chemineaux auront guetté ton départ pour voler les dindes et les vendre à la foire.

####### FRÉDÉRIC.

Des chemineaux auraient plutôt enlevé l'argent qui se trouve dans l'armoire de la salle.

####### ALCIDE.

De l'argent? Il y a de l'argent? Tu as raison, des chemineaux ne font pas les choses à demi. Tu es sûr qu'il y a de l'argent?

####### FRÉDÉRIC.

Très sûr; cent vingt-trois francs, je crois, que maman a comptés hier soir et qui appartiennent à Julien.

####### ALCIDE.

A Julien? Cent vingt-trois francs! Pas possible!

FRÉDÉRIC.

J'en suis sûr; c'est son imbécile d'Anglais qui lui a donné cent francs.

ALCIDE.

C'est beaucoup trop pour un mendiant comme Julien, et, comme tu le disais, les chemineaux ne peuvent pas l'avoir laissé sans l'enlever. Montre-moi où est l'argent.

FRÉDÉRIC, *effrayé*.

Qu'est-ce que tu vas faire?

ALCIDE.

Tu vas voir, je vais te sauver. Va donc, dépêche-toi. Il faut que nous soyons partis dans un quart d'heure : ta mère n'a qu'à rentrer plus tôt. »

Frédéric voulut résister aux volontés d'Alcide, mais celui-ci le prit par le collet et le fit marcher jusqu'à l'armoire dans la salle.

« Où est la clef? » dit-il d'un ton impératif.

Frédéric tremblait; il tomba sur une chaise.

ALCIDE.

Donne-moi la clef ou je te donne une rossée qui te préparera à celle que tu recevras de ton père, s'il te soupçonne d'avoir…, d'avoir… pris tout cela. Sans compter que je dirai à ton père que je t'ai battu parce que tu m'as proposé de voler cet argent, dont moi je ne pouvais pas soupçonner l'existence. »

Frédéric, stimulé par cette menace et par une claque, lui fit voir la cachette de sa mère pour la clef. Alcide ouvrit l'armoire, trouva facilement le sac, le vida, prit soixante-trois francs qui y étaient restés, y laissa dix centimes, remit la clef dans sa cachette, saisit une pince, brisa un panneau de l'armoire et arracha la serrure.

ALCIDE.

A présent, viens vite : il n'y a pas de temps à perdre ; on croira que les voleurs, ne trouvant pas la clef, ont tout brisé ; de cette façon, on ne te soupçonnera pas, toi qui connais la cachette. Courons vite, nous nous amuserons joliment ; je garderai le reste de l'argent, nous en avons pour longtemps, et nous n'aurons plus besoin de l'Anglais. »

Et, entraînant le malheureux Frédéric terrifié, qui avait plus envie de pleurer que de s'amuser, ils coururent prendre le chemin de traverse et disparurent bientôt derrière une colline.

Ils s'arrêtèrent quelque temps dans un bois. Alcide eut peur que le visage consterné de son ami n'attirât l'attention. Il chercha à le remonter.

« Allons, Frédéric, lui dit-il, remets-toi. De quoi t'effrayes-tu ? Ce n'est pas un grand crime que d'être parti quelques minutes avant l'heure. Pouvais-tu prévoir qu'on viendrait voler dans la ferme, tout juste pendant ces quelques minutes d'absence ? Tu diras à tes parents que c'est un bonheur que tu sois parti plus tôt, parce que les voleurs t'auraient peut-être tué ; tu diras qu'ils étaient probablement plusieurs pour avoir pu briser une serrure aussi forte. Tu prendras un air effrayé, indigné ; tu chercheras les traces des voleurs ; tu diras que tu te souviens à présent avoir vu passer des chemineaux, etc., etc.

FRÉDÉRIC, *tremblant.*

Ils ne me croiront peut-être pas ?

ALCIDE.

Il est certain que si tu prends l'air que tu as maintenant, ils devineront de suite que tu leur fais un conte; il faut arriver gaiement, comme un garçon qui vient de s'amuser, grâce à l'Anglais, lequel a voulu tout payer; n'oublie pas ça, c'est important. Et quand on te parlera du vol, tu prendras l'air consterné et tu t'écrieras : « Quel « bonheur que je n'y aie pas été! Ces coquins « m'auraient tué pour que je ne les dénonce pas! » N'oublie pas ça non plus.

FRÉDÉRIC.

Oui, oui, je comprends. Mais c'est une bien mauvaise action que tu m'as fait commettre; j'ai des remords.

ALCIDE.

Imbécile! A qui avons-nous fait tort?

FRÉDÉRIC.

A mon père et à ma mère d'abord; et puis à ce pauvre Julien, qui me fait pitié à présent que nous lui avons volé tout ce qu'il possédait.

ALCIDE.

D'abord, Julien n'y perdra rien, car son richard d'Anglais, qui l'a pris en amitié, je ne sais pourquoi, lui donnera le double de ce qu'il a perdu. Pas à tes parents non plus, qui sont assez riches pour perdre deux dindons; ils n'en mourront pas, tu peux être tranquille. D'ailleurs, comme je te l'ai déjà dit plus d'une fois, est-ce que leur bien ne t'appartient pas? N'es-tu pas leur seul enfant? Ne sera-ce pas toi qui auras un jour la ferme et tout ce qu'ils possèdent? Et s'ils ne te donnent

Alcide brisa un panneau de l'armoire. (Page 149.)

jamais un sou pour t'amuser, n'as-tu pas droit de prendre dans leur bourse? Est-ce qu'un garçon de dix-sept ans doit être traité comme un enfant de sept? Tu as donc pris ce qui est à toi. Où est le mal?

— C'est pourtant vrai! s'écria le faible Frédéric: jamais on ne me donne rien!

ALCIDE.

Tu vois bien que j'ai raison. Ils veulent que tu vives comme un mendiant. Ne te laisse pas faire. A dix-sept ans on est presque un homme. Voyons, n'y pense plus et continuons notre chemin tout doucement pour ne pas arriver trop tôt à la ville. Nous avons encore une demi-heure de marche, et je crois bien qu'il n'est pas loin de midi. »

Ils continuèrent leur chemin.

XIII

TERREUR DE MADAME BONARD

Tout à coup, au tournant d'une haie, Frédéric poussa un cri étouffé.

ALCIDE.

Eh bien! quoi? Qu'est-ce qu'il y a?

FRÉDÉRIC, *tremblant*.

Je crois reconnaître maman, là-bas, là-bas, sur la route: elle est arrêtée à causer avec quelqu'un.

ALCIDE.

Vite, derrière la haie; ils nous tournent le dos, ils ne nous ont pas vu. »

Ils se jetèrent tous deux à plat ventre, rampèrent à travers un trou de la haie et se blottirent derrière un épais fourré.

Pendant quelques instants ils n'entendirent rien;

puis un bruit confus de rires et de voix arriva jusqu'à eux, puis des paroles très distinctes.

« Comme vous marchez vite, madame Bonard ! Je puis à peine vous suivre ; ça me coupe la respiration.

MADAME BONARD.

C'est que j'ai peur de faire attendre mon pauvre garçon, madame Blondel. Je lui avais promis d'être de retour avant midi, et voilà que j'entends sonner midi à l'horloge de la ville ; je ne serai pas revenue avant la demie.

MADAME BLONDEL.

Ah bah ! il restera plus tard ce soir ; une demi-heure de perdue, ce n'est pas la mort.

MADAME BONARD.

C'est qu'il n'est pas très docile, voyez-vous, madame Blondel ; il est capable de s'impatienter et de partir, laissant la ferme et les bestiaux à la garde de Dieu.

MADAME BLONDEL.

Tout le pays est à la foire, il ne viendra personne.

MADAME BONARD.

Et les chemineaux qui courent tout partout, qui volent, qui tuent même, dit-on !

MADAME BLONDEL.

Laissez donc ! Tout ça, c'est des bourdes qu'on nous fait avaler.... Mais nous voici arrivées ; nous n'avons pas rencontré Frédéric, il n'est donc pas parti. »

Elles entrèrent dans la cour de la ferme.

MADAME BONARD.

Tiens ! où est donc Frédéric ? Je pensais le trouver à la barrière.

MADAME BLONDEL.

C'est qu'il est dans la maison, sans doute. »

Mme Bonard entra la première; elle ôta son châle, le ploya proprement et voulut le serrer dans l'armoire. Elle poussa un cri qui épouvanta Mme Blondel.

MADAME BLONDEL.

Qu'y a-t-il? vous êtes malade? Vous vous trouvez mal? »

Mme Bonard s'appuya contre le mur; elle était pâle comme une morte.

« Volés! volés! dit-elle d'une voix défaillante. L'armoire brisée! la serrure arrachée! »

Mme Blondel partagea la frayeur de son amie, toutes deux criaient, se lamentaient, appelaient au secours, mais personne ne venait; comme l'avait dit Mme Blondel, tout le pays était à la foire.

Ce ne fut que longtemps après qu'elles visitèrent l'armoire et qu'elles s'assurèrent du vol qui avait été commis.

MADAME BONARD.

Pauvre Julien! tout son petit avoir! Ils ont tout pris! Je m'étonne qu'ils ne nous aient pas entièrement dévalisés; ils n'ont touché ni aux robes ni aux vêtements.

MADAME BLONDEL.

C'est qu'ils en auraient été embarrassés. Qu'auraient-ils fait du linge et des habits, qui auraient pu les faire découvrir?

MADAME BONARD.

Mais Frédéric, où est-il?... Ah! mon Dieu! Frédéric, mon pauvre enfant, où es-tu?

MADAME BLONDEL.

Il se sera blotti dans quelque coin.

MADAME BONARD.

Pourvu qu'on ne l'ait pas massacré!

MADAME BLONDEL.

Ah! ça se pourrait! Ces chemineaux, c'est si méchant! Ça ne connaît ni le bon Dieu ni la loi. »

Mme Bonard, plus morte que vive, continua à crier, à appeler Frédéric, à courir de tous côtés, cherchant dans les greniers, dans les granges, dans les étables, les écuries, les bergeries. Son amie l'escortait, criant plus fort qu'elle, et lui donnant des consolations qui redoublaient le désespoir de Mme Bonard.

« Ah! ils l'auront égorgé... ou plutôt étouffé, car on ne voit de sang nulle part.... Quand je vous disais que ces chemineaux, c'étaient des démons, des satans, des riens du tout, des gueux, des gredins!... Et voyez cette malice! ils l'auront jeté à l'eau ou enfoui quelque part pour qu'il ne parle pas. »

Après avoir couru, cherché partout, les consolations de Mme Blondel produisirent leur effet obligé; Mme Bonard, après s'être épuisée en cris inutiles, fut prise d'une attaque de nerfs, que son amie chercha vainement à combattre par des seaux d'eau sur la tête, par des tapes dans les mains, par des plumes brûlées sous le nez; enfin, voyant ses efforts inutiles, elle reprit son premier exercice, elle poussa des cris à réveiller un mort. La force de ses poumons finit par lui amener du secours; Bonard, qui revenait tout doucement de la foire

Mme Bouard fut prise d'une attaque de nerfs.

après avoir bien, très bien vendu ses bestiaux, entendit le puissant appel de Mme Blondel; fort effrayé, il pressa le pas et entra hors d'haleine dans la maison. Peu s'en fallut qu'il ne joignît ses cris à ceux de Mme Blondel; sa femme était étendue par terre dans une mare d'eau, le visage noirci et brûlé, les membres agités par des mouvements nerveux. Mais Bonard était homme : il agissait au lieu de crier; il releva sa femme, l'essuya de son mieux, la coucha sur son lit, lui enleva ses vêtements mouillés, lui frotta les tempes et le front avec du vinaigre, et la vit enfin se calmer et revenir à elle.

Mme Bonard ouvrit les yeux, reconnut son mari et sanglota de plus belle.

BONARD.

Qu'as-tu donc, ma femme, ma bonne chère femme?

MADAME BONARD.

Frédéric, Frédéric! ils l'ont assassiné, égorgé, étranglé, enfoui dans un fossé.

BONARD, *avec surprise.*

Frédéric! Assassiné, étranglé! Mais qu'est-ce que tu dis donc? Je viens de le quitter riant comme un bienheureux dans un théâtre de farces, en compagnie de Julien, de M. Georgey et, ce que j'aime moins, d'Alcide; mais M. Georgey a voulu les régaler tous et leur faire tout voir.

MADAME BONARD, *joignant les mains.*

Dieu soit loué! Dieu soit béni! Mon bon Jésus, ma bonne sainte Vierge, je vous remercie! Je croyais que les voleurs l'avaient tué.

BONARD.

Les voleurs! Quels voleurs? Mon Dieu, mon bon Dieu! mais tu n'as plus ta tête, ma pauvre chère femme! »

Mme Blondel prit la parole et lui expliqua ce qui avait causé leur terreur et le désespoir de Mme Bonard. La longueur de ce récit eut l'avantage de donner aux Bonard le temps de se remettre.

Mme Bonard se leva, se rhabilla, montra à son mari l'armoire et la serrure brisées. Ils firent des suppositions, dont aucune ne se rapprochait de la vérité, sur ce vol qu'ils ne pouvaient comprendre; ils firent une revue générale à l'intérieur et au dehors; bêtes et choses étaient à leur place. Quand ils arrivèrent au dindonnier et qu'ils eurent compté les dindons, les cris des femmes recommencèrent.

« Taisez-vous, les femmes, leur dit Bonard avec autorité; au lieu de crier, remercions le bon Dieu de ce que nos pertes se bornent à deux dindes, à quelque argent, et que les craintes de ma femme ne se trouvent pas réalisées. »

Les femmes se turent. Bonard continua :

« D'ailleurs, ces dindes ne sont peut-être pas perdues; elles se seront séparées dans le bois, et tu vas les voir revenir probablement avant la nuit. »

Mme Bonard, déjà heureuse de savoir son fils en sûreté, accepta volontiers l'espérance que lui offrait son mari.

Quant à la femme Blondel, le calme de Mme Bonard lui rendit bientôt le sien, qu'elle n'avait perdu qu'en apparence.

Mme Bonard, ayant complètement repris sa tranquillité d'esprit, commença à trouver mauvais que Frédéric fût parti avant son retour et eût livré la ferme et les bestiaux au premier venu.

« Et puis, dit-elle, on n'a jamais entendu parler de vol à l'intérieur dans aucune maison; qu'est-ce qui a pu être assez hardi pour venir briser une porte et une serrure dans une ferme qu'on sait être habitée?

MADAME BLONDEL.

Et puis, comment aurait-on pu deviner qu'il y avait une somme d'argent dans cette armoire?

MADAME BONARD.

Et pourquoi s'est-on contenté de prendre l'argent et n'a-t-on pas emporté du linge et des habits?

MADAME BLONDEL.

Et si Frédéric n'est parti qu'à midi, comme vous le lui aviez recommandé, comment des voleurs ont-ils pu avoir le temps de commettre ce vol?

MADAME BONARD.

Et si les dindons ont été volés, comment ne les aurait-on pas tous emportés?

MADAME BLONDEL.

Et comment supposer que des voleurs se soient entendus pour venir dévaliser votre ferme, juste pendant la demi-heure où il n'y avait personne?

MADAME BONARD.

Et comment...?

BONARD.

Assez de suppositions, mes bonnes femmes; quand nous parlerions jusqu'à demain, nous n'en serions pas plus savants. Frédéric reviendra avant la nuit; nous allons savoir par lui ce qu'il a vu et entendu. Et demain j'irai porter ma plainte au maire et à la gendarmerie : ils sauront bien découvrir les voleurs. »

Cette assurance mit fin aux réflexions des deux amies. Mme Blondel continua son chemin pour se rendre au village, où elle alla de porte en porte raconter l'aventure dont elle avait été témoin. Mme Bonard s'occupa des bestiaux et de la recherche de ses dindes perdues. Bonard alla soigner ses chevaux, faire ses comptes et calculer les profits inespérés qu'il avait faits de la vente de ses génisses, vaches et poulains.

Quand le travail de la journée fut terminé, le mari et la femme se rejoignirent dans la salle pour souper et attendre le retour de Frédéric et de Julien.

XIV

DINER AU CAFÉ

Pendant ces agitations de la ferme, Frédéric et Alcide avaient rejoint à la ville M. Georgey et Julien. Ils ne reconnurent pas Julien au premier coup d'œil. M. Georgey lui avait acheté un habillement complet en beau drap gros bleu, un chapeau de castor, des souliers en cuir verni; il avait l'air d'un monsieur.

Le premier sentiment des deux voleurs fut celui d'une jalousie haineuse de ce qu'ils appelaient son bonheur; le second fut un vif désir d'obtenir de M. Georgey la même faveur.

ALCIDE.

Comment, c'est toi, Julien? Qu'est-ce qui t'a

donné ces beaux habits? Je n'en ai jamais eu d'aussi beaux, moi qui suis bien plus riche que toi !

FRÉDÉRIC.

Es-tu heureux d'être si bien vêtu! Je serais bien content que mes parents m'eussent traité aussi bien que toi. Mais ils ne me donnent jamais rien ; ils ne m'aiment guère, et je suis sans le sou comme un pauvre.

M. GEORGEY.

C'était lé pétite Juliène soi-même avait acheté tout. »

Julien voulut parler. M. Georgey lui mit la main sur la bouche.

M. GEORGEY.

Toi, pétite Juliène, pas dire une parole. Jé pas vouloir. Jé voulais silence.

ALCIDE.

Je parie, Monsieur, que c'est vous qui avez tout payé. Vous êtes si bon, si généreux !

FRÉDÉRIC.

Et vous aimez tant à donner ! Et on est si heureux quand vous donnez quelque chose !

M. GEORGEY.

C'était lé vérité vrai? Alors moi donner quelque chose à vous si vous être plus jamais malhonnêtes. Vous trois vénir après mon dos. Jé donner dans lé minute. Pétite Juliène, toi mé diriger pour une excellente dîner. Et après, jé donner un étonnement, une surprise à les deux.

ALCIDE.

J'ai un de mes cousins qui tient un excellent café, Monsieur. Si vous voulez me suivre, je vous y mènerai.

M. GEORGEY.

No. Moi voulais suivre pétite Juliène. Marchez, Juliène. »

Julien obéit; il marcha devant; les deux autres suivirent M. Georgey, et tous les quatre arrivèrent à un des meilleurs cafés de la ville. M. Georgey prit place à une table de quatre couverts; ses compagnons s'assirent auprès et en face de lui.

M. GEORGEY.

Garçone!

UN GARÇON.

Voilà, M'sieur! Quels sont les ordres de M'sieur?

M. GEORGEY.

Un excellent dîner.

LE GARÇON.

Que veut Monsieur?

M. GEORGEY.

Tout quoi vous avez.

LE GARÇON.

Nous avons des potages aux croûtes, au vermicelle, à la semoule, au riz. Lequel demande M'sieur?

M. GEORGEY.

Toutes.

LE GARÇON, *étonné*.

Combien de portions, M'sieur?

— Houit. Deux dé chacune. »

Le garçon, de plus en plus surpris, apporta deux portions de chaque potage.

M. GEORGEY.

Deux à moi Georgey, deux à pétite Juliène, deux à les autres. »

Le garçon posa devant M. Georgey et les trois garçons les assiettées de potage.

M. GEORGEY.

Mange, pétite Juliène; mangez, les autres.

JULIEN.

Monsieur..., Monsieur..., mais... c'est beaucoup trop.

M. GEORGEY, *d'un ton d'autorité.*

Mange, pétite Juliène; jé disais mange. »

Julien n'osa pas désobéir, il mangea; les deux autres convives en firent autant.

M. GEORGEY.

Garçon.

LE GARÇON.

Voilà, M'sieur.

M. GEORGEY.

Quoi vous avez?

LE GARÇON.

Du bouilli, du filet aux pommes, du dindon...
— Oh! *yes!* vous donner lé turkey; et pouis du *claret* (bordeaux) blanc, rouge; *bourgogne* blanc, rouge. »

Le garçon apporta deux ailes de dindon et quatre bouteilles du vin demandé.

M. GEORGEY.

Quoi c'est? deux bouchées pleines! Jé voulais une turkey toute.... Vous pas comprendre. Une turkey, une dindone toute, sans couper aucune chose. »

Et il avala du vin que lui versa Alcide; M. Georgey remplit le verre de Julien.

« Toi boire, pétite Juliène », dit-il en vidant son

verre, qu'Alcide s'empressa de remplir de nouveau, tandis que Frédéric remplissait celui de Julien.

Le garçon, émerveillé, alla chercher une dinde entière. M. Georgey donna à Frédéric et à Alcide les deux portions apportées d'abord, coupa le dindon entier, en mit une aile énorme devant Julien, et mangea le reste sans s'apercevoir que toute la salle et les garçons le regardaient avec étonnement.

M. GEORGEY.

Garçone!

LE GARÇON.

Voilà, M'sieur!

M. GEORGEY.

Quoi vous avez?

LE GARÇON.

Des perdreaux, du chevreuil....

M. GEORGEY.

Oh! *yes*! Moi voulais perdreaux six; chévrel, un jambe.

LE GARÇON.

M'sieur veut dire une cuisse?

M. GEORGEY.

Oh! *dear*! *shocking*! Moi pas dire cé parole malpropre. On disait : *un jambe*. »

Le garçon alla exécuter sa commission au milieu d'un rire général. Quand les plats demandés furent apportés, M. Georgey donna un perdreau à Julien, un à Frédéric et à Alcide, et en mangea lui-même trois. Il avala d'un trait la bouteille de vin qu'il avait devant lui, après en avoir versé dans le verre de Julien, coupa trois tranches de chevreuil qu'il passa à ses convives, et mangea le reste. Alcide remplissait sans cesse le verre de l'Anglais, qui buvait sans trop savoir ce qu'il avalait. Alcide commença à mélanger le vin blanc au vin rouge pour le griser plus sûrement. Julien buvait le moins qu'il pouvait.

M. Georgey appela :

« Garçone !

LE GARÇON.

Voilà, M'sieur !

M. GEORGEY.

Apportez vitement *champagne, madère, malaga, cognac.* Vitement ; j'étouffais, j'avais soif. »

M. Georgey ne s'apercevait pas du manège d'Alcide, du mélange des vins, et du nombre de verres qu'il lui versait sans cesse.

Le reste du dîner fut à l'avenant ; M. Georgey demanda encore des bécasses, des légumes, quatre plats sucrés, des fruits de diverses espèces, des compotes, des macarons, des biscuits, un supplément de vin.

Quand il demanda la carte, qui était de quatre-vingt-dix francs, il dit :

« C'était beaucoup, mais c'était une bonne cuisson. Moi revenir.... Voilà. »

Il posa sur la table cent francs, se leva et se dirigea vers la porte en chancelant légèrement.

LE GARÇON.

Si M'sieur veut attendre une minute, je vais apporter la monnaie à M'sieur.

M. GEORGEY.

Moi attendais jamais. »

Et il sortit. Julien le suivit, chancelant plus que l'Anglais. Alcide dit au garçon :

« Apportez-moi le reste; c'est moi qui lui garde sa monnaie. »

Le garçon rapporta à Alcide les dix francs restants; celui-ci les mit dans sa poche.

LE GARÇON.

Et le garçon, M'sieur?

ALCIDE.

C'est juste. Frédéric, donne-moi deux sous. »

Frédéric les lui donna; Alcide les mit dans la main du garçon, qui eut l'air fort mécontent et qui grommela :

« Quand je verrai le maître, je lui dirai la crasserie de ses valets. »

Malgré que M. Georgey fût habitué à boire copieusement, la quantité de vin qu'il avait avalé et le mélange des vins firent leur effet : il n'avait pas ses idées bien nettes. Julien, qui ne buvait jamais de vin, se sentit mal affermi sur ses jambes; ils marchaient pourtant, suivis de Frédéric et d'Alcide; plus habitués au vin et plus sages que Julien, ils avaient peu bu et conservaient toute leur raison. Ils dirigèrent la marche du côté du théâtre, où ils firent entrer M. Georgey et Julien. Alcide paya les quatre places, se promettant bien de rattraper son argent avec profit. C'était là que les avait vus Bonard entre deux et trois heures de l'après-midi. On jouait des farces; tout le monde riait. Après les farces vint une pièce tragique. Alcide profita de l'attention des spectateurs, dirigée sur la scène, et de l'assoupissement de M. Georgey et de Julien, pour glisser doucement sa main dans la poche de l'Anglais et en retirer une poignée de pièces d'or, qu'il mit dans son gousset, après en avoir glissé une partie dans la poche de Julien.

« Pourquoi fais-tu cela? demanda Frédéric.

ALCIDE.

Chut! tais-toi. Je te l'expliquerai tout à l'heure. »

La pièce continua; quand elle fut finie et que chacun se leva pour quitter la salle, M. Georgey et Julien dormaient profondément. Personne n'y fit attention; la salle se vida. Alcide et Frédéric étaient partis.

Vers huit heures du soir, la salle s'éclaira et commença à se remplir une seconde fois. M. Georgey se réveilla le premier, se frotta les yeux, chercha à se reconnaître, se souvint de tout et fut honteux de s'être enivré devant trois jeunes garçons et surtout devant Julien, dont il devait être le maître et le protecteur à partir du lendemain.

Il chercha Julien; il le vit dormant paisiblement près de lui.

« Quoi faire? se demanda-t-il. Quel racontement je lui dirai! Quoi dire!, Quoi j'expliquerai! Pauvre pétite Juliène! C'était moi qui lui avais donné lé boisson!.. Jé suis très terriblement en punissement! »

Pendant qu'il rougissait, qu'il s'accusait, qu'il secouait légèrement Julien, celui-ci fut réveillé par le bruit que faisaient les arrivants et par les efforts de M. Georgey. Il regarda de tous côtés, vit M. Georgey debout, sauta sur ses pieds.

« Me voilà, M'sieur. Je vous demande bien par-

M. Georgey et Julien dormaient profondément.

don, M'sieur. Je ne sais ce qui m'a pris. Je suis prêt à vous suivre, M'sieur. »

M. Georgey se leva sans répondre; il sortit, suivi de Julien. Il faisait déjà un peu sombre, mais la lune se levait; la route était encombrée de monde; M. Georgey marchait sans parler.

« M'sieur, lui dit enfin Julien, je vois que vous êtes fâché contre moi.... Je vous demande bien pardon, M'sieur. Je sais bien que j'ai eu tort. Je ne bois jamais de vin, M'sieur; je n'aurais pas dû en accepter autant. Je vous assure, M'sieur, que je suis bien honteux, bien triste. Jamais, jamais je ne recommencerai, M'sieur. Je vous le jure.

M. GEORGEY.

Pauvre pétite Juliène! Moi pas du tout en colère, pauvre pétite. Seulement, de moi-même j'étais furieuse et j'étais en rougissement. Jé avais fait une actionnement mauvaise, horrible; j'étais une stupide créature; et toi, povre pétite Juliène, pas mal fait, pas demander excuse, pas rien dire mauvais pour toi-même. Voilà lé barrière de Mme Bonarde; bonsoir, *good bye, little dear*; bonsoir. Jé revenir demain. »

XV

RÉVEIL ET RETOUR DE JULIEN

M. Georgey continua sa route, laissant Julien à la barrière.

Julien entra, alla à la maison, et trouva les Bonard inquiets de lui et de Frédéric. Il faisait tout à fait nuit; il était neuf heures.

« Ah! vous voilà, enfin! dit Mme Bonard; je commençais à m'inquiéter. Où est Frédéric? j'ai à lui parler.

JULIEN, *d'un air embarrassé.*

Je ne sais pas, maîtresse; il y a longtemps que je ne l'ai vu.

MADAME BONARD.

Et pourquoi vous êtes-vous séparés?

JULIEN, *baissant la tête.*

Maîtresse, c'est que... je me suis endormi au

théâtre, et M. Georgey ne m'a éveillé qu'à huit heures.

MADAME BONARD.

Endormi ! Éveillé à huit heures ! par M. Georgey ! Qu'est-ce que cela signifie ?

JULIEN, *éclatant en sanglots.*

Oh ! maîtresse, cela signifie que je suis un malheureux, indigne des bontés de M. Georgey ; je me suis enivré ; c'est pourquoi je me suis endormi. Oh ! maîtresse, pardonnez-moi ; je vous jure que je ne recommencerai pas.

MADAME BONARD.

Mon pauvre garçon, je te pardonne d'autant plus volontiers que tu ne t'es pas grisé tout seul, sans doute, et que M. Georgey t'aura payé ton vin.

JULIEN.

Oui, maîtresse.

MADAME BONARD.

C'est donc lui qui t'a grisé ?

JULIEN.

Oh non ! maîtresse, il dînait ; il ne faisait pas attention à moi ; je buvais quand je n'aurais pas dû boire. Et moi qui avais été à la foire pour l'empêcher d'être trompé !

MADAME BONARD.

Trompé par qui ?

JULIEN.

Par..., par... Alcide.

MADAME BONARD

Mais il n'était pas avec vous, Alcide

JULIEN.

Pardon, maîtresse, il nous a rejoints avec Frédéric.

BONARD, *frappant du poing sur la table.*

Avec Frédéric? Encore! Quand je l'avais tant défendu!

MADAME BONARD.

Et sont-ils restés ensemble?

JULIEN.

Je ne sais pas, maîtresse; je ne les ai plus vus quand je me suis réveillé.

BONARD.

C'est égal, mon garçon, ne t'afflige pas; tu n'y as pas mis de méchanceté, tu ne savais pas que ce vin te griserait. Tu as l'air fatigué; va te coucher.

MADAME BONARD.

Ote tes beaux habits neufs, d'abord. Je vais les serrer ici à côté. »

Julien ôta sa redingote, puis son gilet. Il mit les mains sur les poches.

« Ah! mon Dieu! qu'est-ce qu'il y a donc?... De l'argent!... De l'or!... D'où vient ça? Ce n'est pas à moi!... Je n'y comprends rien.

MADAME BONARD.

De l'or! Comment as-tu de l'or dans tes poches? Et que de pièces! »

Elle et son mari comptèrent les pièces : il y en avait dix, plus quelques pièces d'argent. Ils étaient stupéfaits.

« Oh! mon Dieu! mon Dieu! s'écria Julien, on va croire que je les ai volées! Mais quand et comment tout cet or a-t-il pu venir dans ma poche? Je ne me souviens de rien que d'avoir dîné et puis dormi au théâtre.

BONARD.

Écoute, Julien, M. Georgey n'était-il pas un peu gris comme toi?

JULIEN, *avec hésitation*.

Je crois bien que oui, Monsieur.... Un peu, car ses jambes n'étaient pas solides; il marchait un peu de travers dans la rue. Alcide et Frédéric le soutenaient.

BONARD.

C'est peut-être lui qui t'a mis tout cela lui-même dans ta poche.

JULIEN.

Je ne peux pas garder ça, M'sieur. Si c'est lui, bien sûr il ne savait guère ce qu'il faisait. J'étais près de lui, il se sera trompé de poche; il l'aura voulu mettre dans la sienne et il l'a mis dans la mienne.... Oh! M'sieur, laissez-moi lui reporter cet argent tout de suite, qu'il ne croie pas qu'il a été volé.

BONARD.

Tu le lui reporteras demain, mon ami; il est trop tard aujourd'hui. Tu le trouverais couché, et, comme il a trop bu, il ne serait pas facile à éveiller.

JULIEN.

Ce pauvre M. Georgey! Ce n'est pas sa faute. Je me souviens, à présent, qu'Alcide le pressait toujours de boire, et qu'il lui mettait du vin blanc

Alcide et Frédéric soutenaient M. Georgey.

avec du rouge; et puis il lui a fait boire à la fin du cidre en bouteilles, qui moussait comme son champagne; c'est ça qui lui aura porté à la tête! Ce pauvre M. Georgey! C'est donc pour cela qu'il me demandait pardon le long du chemin en revenant; il paraissait honteux. Et moi qui me méfiais d'Alcide et qui allais à la foire pour empêcher qu'il ne fût attrapé! Je l'ai laissé enivrer et... voler peut-être.

MADAME BONARD.

Volé!... Comment?... tu crois que..., qu'Alcide...?

JULIEN, *avec précipitation.*

Non, non, maîtresse, je ne crois pas ça; je ne crois rien, je ne sais rien. J'ai parlé trop vite. »

Bonard et sa femme gardèrent le silence; ils engagèrent Julien à aller se coucher. Il leur souhaita le bonsoir et alla regagner son petit grenier.

Arrivé là, il pria et pleura longtemps.

« Ce que c'est, pensa-t-il, que le mauvais exemple et de mauvais camarades! Sans eux, je n'aurais pas la honte de m'être enivré; le pauvre M. Georgey n'aurait pas non plus à rougir de sa journée de foire! Pauvre homme! c'est dommage! il est si bon!... Et comme Alcide a gâté Frédéric! Mes malheureux maîtres! il leur donnera bien du chagrin! Et moi qui m'en vais! Ils n'auront personne pour les aider, les soigner.... Et de penser qu'il faut que je m'en aille pour ne pas leur être à charge! Ah! si je n'avais pas eu cette crainte, je ne les aurais jamais quittés. Mes bons maîtres! s'ils étaient plus riches! mais le bon Dieu fait tout pour notre bien, dit M. le curé; il faut que je me soumette. »

Et, tout en pleurant, Julien s'endormit.

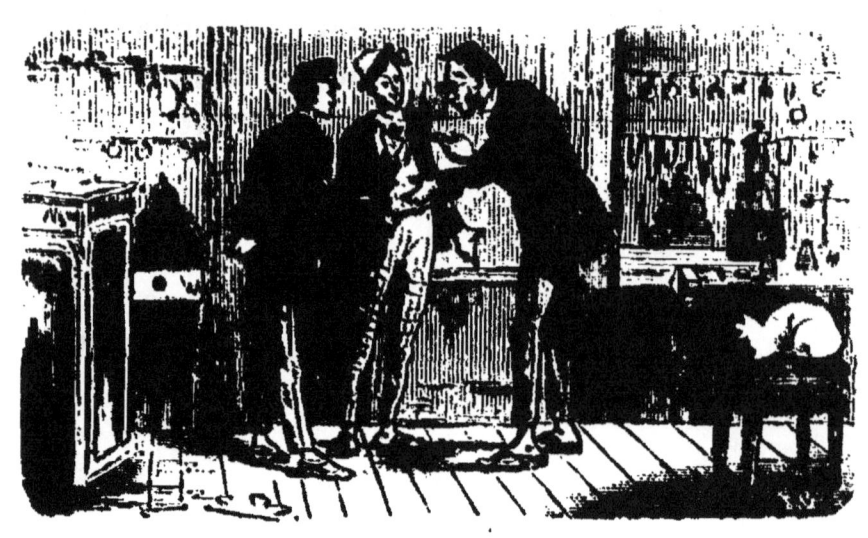

XVI

LES MONTRES ET LES CHAINES

Pendant ce temps, qu'avaient fait Alcide et Frédéric?

A la fin du spectacle, ils s'en allèrent tout doucement, de peur de réveiller M. Georgey et Julien. Quand ils se trouvèrent hors du théâtre, Frédéric demanda à Alcide :

« Pourquoi as-tu mis des pièces d'or dans la poche de Julien? Où les as-tu prises?

ALCIDE.

Dans la poche de l'Anglais, parbleu!

FRÉDÉRIC.

Comment? tu l'as volé?

ALCIDE.

Tais-toi donc, imbécile! Tu cries comme si tu

parlais à un sourd. On ne dit pas ces choses tout haut. J'ai pris, je n'ai pas volé.

FRÉDÉRIC.

Mais puisque tu as pris dans sa poche sans qu'il s'en doutât.

ALCIDE.

Eh bien, je les ai prises pour empêcher un autre de les prendre. Il était ivre, tu sais bien ; il dormait et soufflait comme un buffle. Le premier mauvais sujet venu pouvait le dévaliser et peut-être même l'égorger. Ainsi, en lui vidant ses poches, je lui ai probablement sauvé la vie.

FRÉDÉRIC.

Ah! je comprends. Tu veux lui rendre son argent.

ALCIDE.

Je ne lui rendrai pas ses jaunets; pas si bête! Il nous avait promis de nous faire un présent, il ne nous a rien donné; je lui ai épargné la peine de chercher; nous achèterons nous-mêmes ce qui nous convient le mieux.

FRÉDÉRIC.

Mais pourquoi en as-tu mis dans la poche de Julien?

ALCIDE.

Pour faire croire que c'est Julien qui a dévalisé celle de l'Anglais, dans le cas où celui-ci s'apercevrait de quelque chose.

FRÉDÉRIC.

Mais c'est abominable, ça! Après avoir volé Julien, tu fais une vilaine chose et tu veux la rejeter sur ce pauvre garçon!

ALCIDE.

Tu m'ennuies avec tes sottes pitiés, et tu es bête comme un oison. D'abord l'Anglais, qui est un imbécile fieffé, ne pensera pas à compter son argent; il croira qu'il a tout dépensé ou qu'il a perdu ses pièces par un trou que j'ai eu soin de lui faire au fond de sa poche. Et, s'il se plaint, on lui dira que c'est Julien qui aura cédé à la tentation; on fouillera dans les habits de Julien, on trouvera les pièces d'or; l'Anglais, qui l'aime, ne dira plus rien : il emmènera son *povre pétite Juliène*, et on n'y pensera plus.

FRÉDÉRIC.

Mais mon père et ma mère y penseront, et ils croiront que Julien est un voleur.

ALCIDE.

Qu'est-ce que cela te fait? Ce Julien est un petit drôle, c'est ton plus grand ennemi; il travaille à prendre ta place dans la maison et à t'en faire chasser. Crois bien ce que je te dis. Tu le verras avant peu.

FRÉDÉRIC.

Comment? Tu crois que Julien...?

ALCIDE.

Je ne crois pas, j'en suis sûr. C'est un vrai service d'ami que je te rends.... Mais parlons d'autre chose. As-tu envie d'avoir une montre?

FRÉDÉRIC.

Je crois bien! Une montre! C'est qu'il faut beaucoup d'argent pour avoir une montre! Et toi-même, tu n'en as pas, malgré tout ce que tu as chipé à tes parents et à d'autres.

ALCIDE.

Je n'en ai pas parce que je n'ai jamais eu une assez grosse somme à la fois. Mais à présent que nous avons de quoi, il faut que chacun de nous ait une montre. Allons chez un cousin horloger que je connais.

FRÉDÉRIC.

Mais si on nous voit des montres, on nous demandera qui nous les a données.

ALCIDE.

Eh bien, la réponse est facile. Le bon Anglais, l'excellent M. Georgey.

FRÉDÉRIC.

Et si on le lui demande à lui-même?

ALCIDE.

Est-ce qu'il sait ce qu'il fait, ce qu'il donne? D'ailleurs il ne comprendra pas, ou bien on ne le comprendra pas.

FRÉDÉRIC.

J'ai peur que tu ne me fasses faire une mauvaise chose et qui n'est pas sans danger, car si nous sommes découverts, nous sommes perdus.

ALCIDE, *ricanant*.

Tu as toujours peur, toi. Tu as près de dix-sept ans, et tu es comme un enfant de six ans qui craint d'être fouetté. Est-ce qu'on te fouette encore?

— Non, certainement, répondit Frédéric d'un air piqué. Je n'ai pas peur du tout et je ne suis pas un enfant.

ALCIDE.

Alors, viens acheter une montre, grand benêt; c'est moi qui te la donne. »

Frédéric se laissa entraîner chez le cousin horloger. Alcide demanda des montres; on lui en montra plusieurs en argent.

« Des montres d'or, dit Alcide en repoussant avec mépris celles d'argent.

— Tu es donc devenu bien riche? répondit le cousin.

ALCIDE.

Oui ; on nous a donné de quoi acheter des montres en or.

L'HORLOGER.

C'est différent. En voici à choisir.

ALCIDE.

Quel prix?

L'HORLOGER.

En voici à cent dix francs; en voilà à cent vingt, cent trente et au delà.

ALCIDE.

Laquelle prends-tu, Frédéric?

FRÉDÉRIC.

Je n'en sais rien ; je n'en veux pas une trop chère.

L'HORLOGER.

En voici une de cent vingt francs, Monsieur, qui fera bien votre affaire.

— Et moi, dit Alcide, je me décide pour celle-ci ; elle est fort jolie. Combien?

L'HORLOGER.

Cent trente, tout au juste.

ALCIDE.

Très bien ; je la prends.

L'HORLOGER.

Une minute : on paye comptant ; je ne me fie pas trop à ton crédit.

ALCIDE.

Je paye et j'emporte. Voici de l'or; ça fait combien à donner?

L'HORLOGER.

Ce n'est pas malin à compter; cent vingt et cent trente, ça fait deux cent cinquante. Voici vos montres et leurs clefs; plus un cordon parce que vous n'avez pas marchandé. »

Alcide tira de sa poche une multitude de pièces de vingt francs; il en compta dix, puis deux; puis deux pièces de cinq francs que lui avait rendues le garçon de café, et rempocha le reste.

L'HORLOGER.

Tu as donc fait un héritage?

ALCIDE.

Non, mais j'ai un nouvel ami, riche et généreux, qui a voulu que nous eussions des montres. Au revoir, cousin.

L'HORLOGER.

Au revoir; tâche de m'amener ton ami.

ALCIDE.

Je te l'amènerai; ce sera un vrai service que je t'aurai rendu, car la vente ne va pas fort, ce me semble.

L'HORLOGER.

Pas trop; d'ailleurs, plus on a de pratiques et plus on gagne. »

Les deux fripons s'en allèrent avec leurs montres dans leur gousset; Alcide était fier et tirait souvent la sienne pour faire voir qu'il en avait une. Frédéric, honteux et effrayé, n'osait toucher à la sienne de peur qu'une personne de connaissance ne la vît et n'en parlât à son père.

Jamais Alcide ne s'était tant amusé. (Page 195.)

« A présent, dit Alcide, allons voir les autres curiosités. »

Et il se dirigea vers le champ de foire, où se trouvaient réunis les baraques et les tentes à animaux féroces ou savants, les faiseurs de tours, les théâtres de farces et les danseurs de corde. Ils entrèrent partout; Alcide riait, s'amusait, causait avec les voisins. Frédéric avait la mine d'un condamné à mort, sérieux, sombre, silencieux. Sa montre lui causait plus de frayeur que de plaisir; sa conscience, pas encore aguerrie au vice, le tourmentait cruellement. Sans la peur que lui inspirait son méchant ami, il serait retourné chez l'horloger pour lui rendre sa montre et reprendre l'argent, qu'il aurait reporté à M. Georgey.

Toute la salle riait aux éclats des grosses plaisanteries d'un Paillasse en querelle avec son maître Arlequin. Alcide avait à ses côtés deux jeunes gens aimables et rieurs avec lesquels il causait et commentait les tours d'adresse et les bons mots du Paillasse. Alcide y aurait volontiers passé la nuit; jamais il ne s'était autant amusé. Mais Arlequin et Paillasse avaient épuisé leur gaieté et leur répertoire; ils saluèrent, sortirent et la salle se vida. Dans la foule pressée de courir à de nouveaux plaisirs, Alcide se trouva séparé de ses aimables compagnons, et il eut beau regarder, chercher, il ne put les retrouver.

« C'est ennuyeux, dit-il à Frédéric, me voici réduit à ta société, qui n'est pas amusante. Tu ne dis rien, tu ne regardes rien, tu ne t'amuses de rien. J'aurais bien mieux fait de venir sans toi.

####### FRÉDÉRIC.

Plût à Dieu que je ne t'eusse pas accompagné à cette foire maudite. Depuis ce matin, je n'ai eu que du chagrin et de la terreur.

####### ALCIDE.

Parce que tu es un imbécile et un trembleur; tu n'as pas plus de courage qu'une poule; si je t'avais écouté, nous serions partis et revenus les poches vides; nous nous serions mis à la suite de ce sot Anglais et de son petit mendiant; nous n'aurions pas eu nos montres ni tout ce que nous allons encore acheter.

####### FRÉDÉRIC.

Oh! Alcide, je t'en prie, n'achète plus rien; cette montre me fait déjà une peur terrible.

####### ALCIDE.

Ah! ah! ah! quel stupide animal tu fais! Suis-moi; je vais te mener chez un brave garçon qui nous complétera nos montres.

####### FRÉDÉRIC.

Que veux-tu y mettre de plus? Elles ne sont que trop complètes et trop chères.

####### ALCIDE.

Tu vas voir. Et cette fois, si tu n'es pas content, je te plante là, et tu deviendras ce que tu pourras.

####### FRÉDÉRIC, *avec résolution.*

Si tu me laisses seul, j'irai chez M. Georgey, je lui rendrai sa montre, et je lui raconterai tout.

####### ALCIDE.

Malheureux, avise-toi de faire ce que tu dis, et je mets tout sur ton compte; et je m'arrangerai de façon à te faire arrêter et te faire mettre en prison; et ce sera toi qui auras tout fait. Et mon cousin l'horloger dira comme moi, pour avoir ma pratique et celle de mon riche et généreux ami. »

L'infortuné Frédéric, effrayé des menaces d'Alcide, lui promit de se taire et de prendre courage.

Ils entrèrent chez un bijoutier.

LE BIJOUTIER.

Qu'y a-t-il pour votre service, messieurs?

ALCIDE.

Des chaînes de montre, s'il vous plaît.

LE BIJOUTIER.

Chaînes de cou ou chaînes de gilet?

ALCIDE.

Chaînes de gilet. (*Bas à Frédéric.*) Parle donc, imbécile; on te regarde.

— Chaînes de gilet, répéta Frédéric timidement.

LE BIJOUTIER.

Voilà, messieurs. En voici en argent.... (*Alcide les repousse.*) En voici en argent doré. (*Alcide repousse encore.*) En voici en or.

ALCIDE.

A la bonne heure. Choisis, Frédéric, il y en a de très jolies. »

Ils en prirent quelques-unes, les laissèrent et les reprirent plusieurs fois. Le bijoutier ne les perdait pas de vue; l'air effronté d'Alcide et la mine troublée, effarée de Frédéric lui inspiraient des soupçons.

« Ça m'a tout l'air de voleurs, pensait-il.

ALCIDE.

Choisis donc celle qui te plaît, Frédéric; veux-tu celle-ci? »

Alcide lui en présenta une. Frédéric la prit en disant : « Je veux bien » d'une voix si tremblante, que le bijoutier mit instinctivement la main sur ses bijoux et les ramena devant lui.

LE BIJOUTIER.

Vous savez, Messieurs, dit-il, que les bijoux se payent comptant.

ALCIDE.

Certainement, je le sais. Combien cette chaîne ?

LE BIJOUTIER.

Quatre-vingts francs, Monsieur.

— Voilà, dit Alcide en jetant sur le comptoir quatre pièces de vingt francs. Et celle-ci ?

— Quatre-vingt-cinq francs, Monsieur, répondit le bijoutier avec une politesse marquée.

— Voilà », dit encore Alcide.

Il voulut tirer sa montre pour la rattacher à la chaîne, il ne la trouva plus ; elle était disparue. Il eut beau chercher, fouiller dans tous ses vêtements, la montre ne se retrouva pas.

« Vous avez été volé, Monsieur ? lui dit le bijoutier ; soupçonnez-vous quelqu'un ?

— Au théâtre, j'étais entre deux jeunes gens qui m'ont fait mille politesses, et auxquels j'ai donné, sur leur demande, l'heure de ma montre, répondit Alcide d'une voix tremblante.

LE BIJOUTIER.

Il faut aller porter plainte au bureau du commissaire de police, Monsieur.

— Merci, Monsieur ; viens, Frédéric. »

Frédéric, voyant la figure consternée de son

ami, saisit avec bonheur l'occasion de se débarrasser de sa montre.

FRÉDÉRIC.

Tiens, prends la mienne, Alcide, je n'y tiens pas.

ALCIDE, *avec surprise*.

La tienne? Et toi donc? Que feras-tu de ta chaîne?

FRÉDÉRIC.

Prends-la avec la montre, que le bijoutier a accrochée après. Prends, prends tout; tu me rendras service.

ALCIDE.

Si c'est pour te rendre service, c'est différent. Merci; je la garde en souvenir de toi.

FRÉDÉRIC.

Vas-tu porter plainte?

ALCIDE.

Pas si bête! pour ébruiter l'affaire et me faire découvrir! Il faudrait donner mon nom, le tien, celui de l'horloger. On me demandera où j'ai pris l'or pour payer les montres, et tout serait découvert. Les coquins! Ils avaient l'air si aimables! »

XVII

LES GENDARMES ET M. GEORGEY

« Qu'est-ce qui se passe donc par là, sur le champ de foire? » demanda Frédéric qui avait repris de la gaieté depuis qu'il s'était débarrassé de sa montre et de la chaîne. « On dirait que les gendarmes ont arrêté quelqu'un.

ALCIDE.

Allons voir, tout le monde y court; il doit y avoir quelque chose de curieux. »

Ils se dépêchèrent et vinrent se mêler à la foule.

« Qu'est-ce qu'il y a? » demanda Alcide à un brave homme qui parlait et gesticulait avec animation.

UN HOMME.

Ce sont deux vauriens que les gendarmes viennent d'arrêter au moment où ils enlevaient la montre d'un drôle d'original qui baragouine je ne sais quelle langue. On ne le comprend pas, et lui-même ne comprend guère mieux ce qu'on lui demande. »

Ils avancèrent; Alcide se haussa sur la pointe des pieds et vit avec effroi que l'original était M. Georgey, et que les voleurs étaient ses deux aimables compagnons.

« Sauvons-nous, dit-il à Frédéric; c'est M. Georgey et les deux gredins qui m'ont probablement aussi volé ma montre. Si l'Anglais nous voit, il va nous appeler; nous serions perdus. »

Frédéric voulut s'enfuir; Alcide le retint fortement.

« Doucement donc, maladroit, tu vas nous faire prendre si tu as l'air d'avoir peur; suis-moi; ayons l'air de vouloir nous faufiler d'un autre côté. »

Ils parvinrent à sortir de la foule; pendant qu'ils échappaient ainsi au danger qui les menaçait, Alcide trouva moyen de couler dans la poche de Frédéric la seconde chaîne et l'or et l'argent qui lui restaient. Quand ils se furent un peu éloignés, ils pressèrent le pas.

En passant devant un café très éclairé, Alcide regarda à sa montre l'heure qu'il était.

« Onze heures! dit-il. Rentrons vite. »

Mais au même moment il se sentit saisir au collet. Il poussa un cri lorsqu'en se retournant il vit un gendarme. Frédéric, qui marchait devant, fit une exclamation:

« Les gendarmes! »

Et il courut plus vite. Un instant après, il se sentit arrêter à son tour.

LE GENDARME.

Ah! tu te sauves devant les gendarmes, mon garçon : mauvais signe! Il faut que tu viennes avec ton camarade, qui a une si belle montre avec une si belle chaîne; le tout est mal assorti avec sa redingote de gros drap et ses souliers ferrés.

FRÉDÉRIC.

Lâchez-moi, Monsieur le gendarme. Je suis innocent, je vous le jure. Je n'ai rien sur moi, ni montre, ni chaîne.

LE GENDARME.

Nous allons voir ça, mon mignon; tu vas venir avec nous devant M. l'Anglais, qui a déclaré avoir été volé de tout son or, de sa montre et de sa chaîne. »

Frédéric tremblait de tous ses membres, le gendarme le soutenait en le traînant. Alcide, non moins effrayé, payait pourtant d'effronterie; il soutenait que sa montre et sa chaîne lui avaient été données par l'excellent M. Georgey; il indiquait l'horloger qui la lui avait vendue, le bijoutier qui venait de lui vendre sa chaîne.

Son air assuré, ses indications si précises, ébranlèrent un peu les gendarmes; celui qui l'escortait lui dit avec plus de douceur :

« Eh bien, mon ami, si tu es innocent, ce que nous allons savoir tout à l'heure, tu n'as rien à craindre des gendarmes. Nous voici près d'arriver. M. Georgey, comme tu l'appelles, saura bien te reconnaître et nous dire que tu ne lui as rien volé, non plus que ton camarade, qui dit avoir les poches vides. »

Ils arrivaient en effet devant le commissaire de police qui venait constater le vol. Quand les gendarmes eurent amené devant lui les deux amis, il commanda qu'on les fouillât. Alcide n'avait rien de suspect, mais Frédéric, qui avait protesté n'avoir rien dans ses poches, poussa un cri de détresse quand le gendarme retira de la poche de côté de sa redingote une chaîne et plusieurs pièces d'or et d'argent.

« Tu es plus riche que tu ne le croyais, mon garçon », lui dit le gendarme.

L'exclamation de Frédéric attira l'attention de M. Georgey; il se retourna, reconnut Frédéric et Alcide, et s'écria :

« Lé pétite Bonarde! Oh! *my goodness!* »

Le pauvre M. Georgey resta comme pétrifié.

LE GENDARME.

Veuillez, Monsieur, venir reconnaître si l'or et la chaîne que nous avons trouvés dans la poche de ce garçon sont à vous. »

M. Georgey s'approcha. Il jeta un coup d'œil sur les pièces d'or, qui étaient des guinées anglaises. C'étaient les siennes, il n'y avait pas à en douter. Que faire! La pauvre Mme Bonard et son mari se trouvaient déshonorés par le vol de leur fils! Son parti fut bientôt pris. Il fallait sauver l'honneur des Bonard.

« Jé connaissais, c'était lé pétite Bonarde. J'avais donné les jaunets au pétite Bonarde et lui avais acheté lé chaîne. C'était très joli,... ajouta-t-il en examinant la chaîne. Jé savais, jé connaissais. Lui venir avec moi, jé donnais tout.

LE GENDARME.

Et l'autre garçon, Monsieur? N'est-ce pas votre montre et votre chaîne qu'il a dans son gousset?

M. GEORGEY.

No, no, c'était une donation. J'avais donné, j'avais donné tout. No, no, ma horloge pas comme ça. Une chiffre. Une couronne baronnet. C'étaient les deux grands coquins avaient volé. J'étais sûr, tout à fait certain. »

On amena les deux voleurs devant M. Georgey, et on lui présenta la montre et le porte-monnaie avec lesquels ils se sauvaient quand ils furent arrêtés.

M. GEORGEY.

C'était ça! C'était ma horloge! Jé connais. Voyez voir, chiffre G. G.; ça était pour dire : George Georgey. Voyez voir, couronne baronnet; c'était moi, sir Midleway.... C'était très fort visible.... Le porte-argent, c'était mon. Jé connais. C'était mon petit nièce avait fait. Voyez voir, G. G., c'était pour dire : George Georgey. Couronne baronnet, ça était pour dire : sir Midleway.... Jé connais; c'était Alcide, ça. Laissez, laissez tous les deux garçons, jé emmener eux; il était noir, il était moitié la nuit. *Good bye*, sir. Venez, Alcide; Fridric, marchez avant moi. »

Les deux voleurs, trop heureux d'en être quittes à si bon marché, ne se firent pas répéter l'ordre de M. Georgey; s'échappant du milieu de la foule, ils rejoignirent l'Anglais et marchèrent devant lui en silence.

Quand ils furent hors de la ville, Alcide, qui avait retrouvé son effronterie accoutumée, commença à vouloir s'excuser aux yeux de M. Georgey.

« Vous êtes bien bon, Monsieur, d'avoir défendu Frédéric et moi contre ces méchants gendarmes....

M. GEORGEY.

Tenez vos langue, malhonnête, voleuse; je vous défendais les paroles.

ALCIDE.

Mais, Monsieur, je vous assure....

M. GEORGEY.

Jé disais : tenez lé langue. Jé voulais pas écouter votre voix horrible : voleur, gueuse, grédine. Moi tout dire à Madme Bonarde, à Master Bonarde, à papa Alcide. Ah! tu avais volonté volé moi! Tu croyais Georgey une imbécile comme toi! Tu croyais moi disais des excuses pour toi? Moi savoir tout; moi parler menteusement pour Madme Bonarde, par lé raison de Fridric voleur avec toi. Moi avoir pitié povre Madme Bonarde. Moi savoir Madme Bonarde, Master Bonarde, morce pour la honte de Fridric. Voilà comment moi avoir parlé contrairement au vérité. Et toi, coquine, mé rendre à la minute lé montre, lé chaîne, lé guinées tu avais volé à moi Georgey.

ALCIDE.

C'est Frédéric, Monsieur, ce n'est pas moi...

M. GEORGEY.

Menteuse! gredine! Donner sur lé minute à moi tout le volement. »

M. Georgey saisit Alcide, qui se débattit violem-

Alcide fut vite calmé par les coups de poing du vigoureux Anglais.
(Page 207.)

ment, mais qui fut bien vite calmé par les coups de poing du vigoureux Anglais. La montre et sa chaîne passèrent en un instant de la poche d'Alcide dans celle de M. Georgey. Frédéric n'attendit pas son tour et remit lui-même en sanglotant la chaîne et tout l'or et l'argent que lui avait rendus le gendarme.

« Oh! Monsieur, s'écria-t-il, ne croyez pas que ce soit moi qui vous ai volé. C'est Alcide qui a tout fait et qui m'a poussé à mal faire. Je ne voulais pas, j'avais peur; il m'a forcé à le laisser faire, à acheter la montre et la chaîne; il m'a coulé votre or dans la poche quand nous avons été dans cette foule qui arrêtait les deux voleurs. Je ne l'ai su que lorsque les gendarmes m'ont fouillé. Pardonnez-moi, Monsieur; ne dites rien à mon père, il m'assommerait de coups.

M. GEORGEY.

Il faisait très bien, et jé voulais dire. C'était trop horrible. »

Alcide voulut aussi demander grâce et accuser Julien; mais l'Anglais le fit taire en lui boxant les oreilles.

M. GEORGEY.

Jé défendais à toi, scélérate, de parler une parole. Jé voulais dire à les deux parents et jé dirai. Demain, jé dirai. Va dans ton maison, et toi, Fridric, va dans lé tien. Jé rentrais chez moi. Caroline, vitement, une lumière; jé voulais aller dans le lit. »

M. Georgey repoussa les deux garçons, entra chez lui, ferma la porte à double tour et monta dans sa chambre. Caroline l'entendit longtemps encore se promener en long et en large et parler tout haut.

« Il devient fou, pensa-t-elle : il l'était déjà à moitié, la foire l'a achevé. »

XVIII

COLÈRE DE BONARD

Frédéric et Alcide restaient devant la porte de M. Georgey, muets et consternés : Frédéric pleurait ; Alcide, les poings fermés, les yeux étincelants de colère, réfléchissait au moyen de se tirer d'affaire en jetant tout sur Frédéric.

FRÉDÉRIC.

Qu'allons-nous devenir, mon Dieu, si M. Georgey va tout raconter à nos parents ! Donne-moi un bon conseil, Alcide, toi qui m'as entraîné à mal faire et qui as toujours de bonnes idées pour t'excuser.

ALCIDE.

J'en ai une pour moi ; je n'en ai pas pour toi.

FRÉDÉRIC.

Comment, tu vas m'abandonner, à présent que je suis dans la crainte, dans la désolation !

ALCIDE.

Je m'embarrasse bien de toi. Tu es un imbécile, un lâche. C'est ta sotte figure effrayée qui a attiré l'attention des gendarmes et qui nous a fait prendre. Maudit soit le jour où je t'ai mis de moitié dans mes profits !

FRÉDÉRIC.

Et maudit soit le jour où je t'ai écouté, où je t'ai aidé dans tes voleries ! Sans toi, je serais heureux et gai comme Julien ; je n'aurais peur de personne et je serais aimé de mes parents comme jadis.

ALCIDE.

Vas-tu me laisser tranquille avec tes jérémiades. Va-t'en chez toi, tu n'as que faire ici. »

Au moment où il disait ces mots, un seau d'eau lui tomba sur la tête et il entendit une voix qui disait :

« Coquine ! Canaille ! »

Alcide, suffoqué d'abord par l'eau, ne put rien distinguer ; mais, un instant après, il se tourna de tous côtés et ne vit rien ; il leva les yeux vers la fenêtre de M. Georgey : elle était fermée, le rideau était baissé, on n'y voyait même pas de lumière. Il était seul. Frédéric même avait disparu. Surpris, un peu effrayé, il prit le parti de rentrer chez lui et de se coucher ; l'horloge du village sonnait deux heures.

Frédéric courait de toute la vitesse de ses jambes pour arriver chez ses parents, qu'il croyait trouver endormis depuis longtemps. Il ouvrit la barrière, se dirigea vers l'écurie, où il comptait passer la nuit, et vit, à sa grande frayeur, de la lumière dans la

Un seau d'eau tomba sur la tête d'Alcide.

salle, dont la porte était ouverte. Il n'y avait pas moyen d'éviter une explication.

« Je vais tâcher, pensa-t-il, de faire comme Alcide ; l'effronterie lui réussit toujours. »

Il entra. Mme Bonard poussa un cri de joie ; Bonard, qui sommeillait les coudes sur la table, se réveilla en sursaut.

FRÉDÉRIC.

Comment, mes pauvres parents, vous m'attendez ? J'en suis désolé ; si j'avais pu le deviner, je ne me serais pas laissé entraîner par la dernière représentation au théâtre ; et puis ce bon M. Georgey, avec lequel je suis revenu, m'a fait manger dans un excellent café. Tout cela m'a attardé ; je vous croyais couchés depuis longtemps et bien tranquilles sur mon compte.

MADAME BONARD.

Pendant que tu t'amusais, Frédéric, nous nous faisions du mauvais sang ; nous nous tourmentions, te croyant seul avec ce mauvais sujet d'Alcide, car M. Georgey nous avait ramené Julien vers neuf heures. »

Frédéric parut troublé ; la mère pensa que c'était le regret de les avoir inquiétés.

BONARD.

Et sais-tu ce qui nous est arrivé pendant que tu t'amusais ? »

Frédéric ne répondit pas.

BONARD.

Nous avons été volés.... Tu ne dis rien. Tiens, regarde l'armoire, on l'a brisée ; on a pris l'argent du pauvre Julien ; on a emporté nos deux plus belles dindes. Pourquoi es-tu parti avant le retour de ta mère ?... Mais parle donc ! Tu es là comme un oison, à écarquiller tes yeux. Qui est le voleur ? Le connais-tu ? l'as-tu vu ?

FRÉDÉRIC.

Je n'ai rien vu. Je ne sais rien ; j'étais parti.... Je croyais.... Je ne savais pas.

BONARD.

Va te coucher. Tu m'impatientes avec ta figure hébétée. Demain tu t'expliqueras. M. Georgey t'aura fait boire comme ce pauvre Julien. Va-t'en. »

Frédéric ne se le fit pas répéter ; il alla dans sa chambre, plus inquiet encore que lorsqu'il était arrivé. Il se coucha, mais il ne put dormir. Au petit jour il tendit l'oreille, croyant toujours entendre M. Georgey. L'heure de se lever était arrivée ; Bonard alla soigner les chevaux ; Julien, levé depuis longtemps, l'aidait de son mieux ; Frédéric n'osait quitter son lit et faisait semblant de dormir.

Enfin, vers huit heures, sa mère entra, le secoua. Frédéric, feignant d'être éveillé en sursaut, sauta à bas de son lit.

FRÉDÉRIC.

Quoi ? Qu'est-ce que c'est ? Les voleurs ?

MADAME BONARD.

Il faut te lever, Frédéric. Ton père a déjeuné avec nous, puis il est parti pour aller faire sa déclaration à la ville. Voyons, habille-toi et viens manger ta soupe. »

Frédéric se leva. Il n'avait pas prévu que son père porterait plainte du vol commis à la ferme ;

toutes ses craintes se réveillèrent. Il tremblait, ses dents claquaient.

MADAME BONARD.

Quelle drôle de mine tu as! De quoi as-tu peur?

FRÉDÉRIC.

De rien, de rien. Ce n'est pas moi qui vous ai volés. Ce sont les chemineaux.

MADAME BONARD.

Comment le sais-tu? Tu les as donc vus?

FRÉDÉRIC.

Je n'ai rien vu. Comment les aurais-je vus? De quoi aurais-je peur? Où est Julien? Est-ce que M. Georgey est venu?

MADAME BONARD.

Non. Pourquoi viendrait-il?

FRÉDÉRIC.

Pour le vol. Vous savez bien.

MADAME BONARD.

Mais en quoi cela regarde-t-il M. Georgey?

FRÉDÉRIC.

Je n'en sais rien. Est-ce que je peux savoir? Puisque je n'y étais pas.

MADAME BONARD.

Tiens, tu ne sais pas ce que tu dis. Viens manger ta soupe, il est tard.

FRÉDÉRIC.

Je n'ai pas faim.

MADAME BONARD.

Tu es donc malade? Tu es pâle comme un mort? Voilà ce que c'est que de trop s'amuser et rentrer si tard. Viens manger tout de même. Il ne faut pas rester à jeun, tu prendrais du mal; l'appétit te viendra en mangeant. »

Frédéric, obligé de céder, suivit sa mère et trouva Julien qui balayait la salle et rangeait tout. Ils se regardèrent tous deux avec méfiance. Frédéric craignait que Julien n'eût deviné quelque chose; Julien avait réellement des soupçons, qu'il ne voulait pas laisser paraître.

Frédéric finissait sa soupe quand M. Georgey parut. Julien courut à lui.

« Je suis content de vous voir, Monsieur. Hier soir, en me déshabillant, j'ai trouvé beaucoup de pièces d'or dans la poche de mon habit : elles ne sont pas à moi. Elles doivent être à vous; j'étais tout près de vous, je pense que vous vous êtes trompé de poche; au lieu de mettre dans la vôtre, vous avez mis dans la mienne.

M. GEORGEY.

No, no, jé n'avais mis rien; jé n'avais touché rien. Jé avais dormi comme toi, povre pétite Juliène. Jé comprénais, jé savais. C'était lé malhonnête, les coquines Alcide, Fridric; ils avaient volé moi et mis une pétite somme dans lé gilet de toi, pour dire : C'était Juliène le voleur de Georgey. »

Mme Bonard ne pouvait en croire ses oreilles; elle tremblait de tout son corps.

M. GEORGEY.

Où Master Bonard? Jé avais à dire un terrible histoire à lui et à povre Madme Bonarde.... Ah! lé voilà Master Bonard. Venez vitement. Jé avais à dire à vous votre Fridric il était un voleur horrible; Alcide, une coquine davantage horrible, abominable. »

Bonard, qui venait d'entrer, devint aussi tremblant que sa femme; Frédéric, ne pouvant s'échapper, était tombé à genoux au milieu de la salle. Julien était consterné. Personne ne parlait.

M. Georgey raconta de son mieux ce qui lui était arrivé depuis qu'ils avaient rencontré Alcide et Frédéric. Il dit comment il avait trouvé sa poche vidée en rentrant chez lui; comment il était retourné à la ville pour porter plainte; qu'en cherchant Alcide et Frédéric, il avait été encore volé par deux jeunes gens qu'on avait arrêtés, et sur lesquels on avait trouvé sa montre, sa bourse et une autre montre dont les gendarmes cherchaient le propriétaire, et qui était celle qu'Alcide et Frédéric venaient d'acheter.

Il parla avec émotion de sa douloureuse surprise quand il avait vu Frédéric amené par des gendarmes en compagnie d'Alcide; quand il avait vu Frédéric ayant dans sa poche une chaîne d'or et des guinées qui étaient précisément celles qu'on lui avait volées à lui Georgey.

Il raconta sa généreuse résolution de sauver l'honneur de ses amis Bonard. Il avait dû en même temps, quoique à regret, certifier l'innocence d'Alcide, puisque les deux garçons avaient été arrêtés ensemble; il expliqua comment il avait déclaré leur avoir tout donné et comment, après cette déclaration, il les avait emmenés avec lui. Il raconta comment Alcide avait dû couler des pièces d'or dans la poche de Julien pour rejeter le vol sur lui.

« J'avais dit toutes les choses horribles au papa Alcide, ajouta M. Georgey. Le papa avait donné à Alcide un bâtonnement si terrible, que le misérable il était resté couché sur la terre. Je croyais Fridric pas si horrible; il avait écouté l'Alcide abominable. Jé croyais il avait du chagrinement, du repentissement; qu'il ferait plus jamais une volerie si méchant. Mais j'avais dit à vous, pour que le povre Madme Bonarde, et vous Master Bonard, vous savoir comment a fait votre garçone. C'était très fort vilaine, et lé pauvre Juliène avoir rien fait mauvais. Ce n'était pas sa faute avoir pris beaucoup dé boisson dé vin; c était moi lé criminel, lé malheureuse, avoir fait ivre lé pauvre pétite. J'avais donné méchant exemple au pétite. J'avais une honte terrible, j'avais un chagrinement horrible; jé prenais résolution jamais boire davantage plus un seul *bottle* vin. Jé promettais, jé assurais, jé jurais. Un seul bouteille. J'avais fait jurement à mon cœur. »

Mme Bonard sanglotait. Bonard avait laissé tomber sa tête dans ses mains et gémissait. Frédéric, atterré, plus pâle qu'un linge, s'était affaissé sur ses genoux et n'osait bouger. Julien pleurait en silence.

M. Georgey les regardait avec pitié.

« Povres parents! j'avais devoir de parler. Pour les turkeys, moi j'avais rien dit; et moi avais fait découverte que les deux étaient pétites voleurs. J'avais croyance qué plus jamais voler des turkeys, et j'avais acheté tous les turkeys pour empêchement voler eux. Mais je ne pouvais pas faire un cachement d'hier; c'était trop mauvais.

— Et le vol de l'armoire! s'écria tout à coup Bonard en s'élançant sur Frédéric et le saisissant par les cheveux : dis, parle; avoue, scélérat!

COLÈRE DE BONARD

— C'est Alcide, répondit Frédéric d'une voix défaillante.

BONARD.

Tu l'as vu; tu le savais!

— J'y étais, répondit Frédéric de même.

BONARD.

Pourquoi as-tu brisé au lieu d'ouvrir?

FRÉDÉRIC.

C'est Alcide, pour faire croire que c'étaient les voleurs.

BONARD, *avec désespoir*.

Et moi qui ai porté plainte! Et les gendarmes qui vont venir! Et mon nom qui sera déshonoré! Misérable, indigne de vivre! je ne peux plus te voir; je ne veux pas être déshonoré par toi! Et ta pauvre mère? Montrée au doigt! Mère d'un voleur! Voleur! Voleur! Mon fils voleur! »

Et Bonard, fou d'épouvante et de douleur, saisit une lourde pince, et, levant le bras, allait le frapper d'un coup peut-être mortel, lorsque M. Georgey, s'élançant sur lui, l'étreignit de ses bras vigoureux, et, malgré sa résistance, l'entraîna dans la chambre voisine. Frédéric était tombé sans connaissance; Julien soutenait Mme Bonard, à moitié évanouie sur sa chaise.

L'Anglais avait fermé à double tour la porte de la chambre, de peur que Bonard ne lui échappât.

M. GEORGEY.

Craignez pas, povre créature; pas de déshonorement; moi tout arranger; moi dire comme hier : C'était moi.

BONARD.

C'est impossible, impossible; on va faire une

enquête; je ne veux pas qu'on vous croie un voleur, un scélérat! Personne ne le croirait, d'ailleurs. Vous, riche, briser un meuble pour voler un pauvre homme! C'est impossible! Personne ne vous croirait.

M. GEORGEY.

Croirait très parfaitement. Jé disais : Moi Georgey voulais habillement joli de pétite Juliène pour lé foire. Moi Georgey pas trouvé lé clé. Moi Georgey beaucoup fort entêté, moi voulais; jé voulais habillements. Moi Georgey riche. Moi casser fermeture, moi prendre habillements et argent pour amuser pétite Juliène et les autres, car moi oublier emporter jaunets dans ma poche. Moi révenir de foire trop tardivement hier. Moi révenir en lé jour d'aujourd'hui pour raconter, demander excuse et faire payement pour dédommager. Et jé fais payement avec les jaunets du pocket dé la pétite Juliène. C'était très bien, ça. Moi payer bon dîner à gendarmes et tout sauvé. »

A mesure que M. Georgey parlait, le visage de Bonard s'éclaircissait. Quand M. Georgey eut terminé son explication, le pauvre Bonard, rempli de reconnaissance, se précipita à genoux devant le généreux Anglais, et, joignant les mains, s'écria :

« Oh! monsieur, vous me sauvez plus que la vie! Vous sauvez notre honneur à tous! Vous sauvez mon misérable fils! Vous me sauvez d'un crime! Je n'aurais pu le voir sans le maudire, sans le tuer peut-être. Oh! Monsieur, soyez béni! Toute ma vie je vous bénirai comme mon bon ange, mon sauveur!

M. Georgey étreignit Bonard de ses bras vigoureux. (Page 219.)

M. GEORGEY.

No, no, *my dear!* c'était trop pour une povre homme solitaire, ridicoule. Jé savais que jé faisais des sottises, beaucoup, que les autres riaient de moi. Jé savais. Jé savais. Ils faisaient justice. »

Quand Bonard fut tout à fait remis, M. Georgey lui permit de rentrer dans la salle pour consoler et rassurer Mme Bonard.

« Quant à Frédéric, dit Bonard, faites-le partir, que je ne le voie plus.

M. GEORGEY.

No, Master Bonarde, c'était pas bon, c'était mauvais. Fridric très désolé. Fridric très fort repentissant; Fridric toujours votre garçon. Vous lui gronder pour vous faire agrément; vous lé taper un peu, mais faut pas chasser; c'était mauvais, c'était méchanceté. Voyez bon Dieu, pardonnait toujours. Vous, papa comme bon Dieu, et vous pardonner. Entrez vitement. »

M. Georgey ouvrit la porte, poussa dans la salle Bonard, qui hésitait encore. Frédéric était toujours étendu sans mouvement. Julien était occupé de Mme Bonard, qui continuait ses sanglots. Bonard alla à elle.

« Rassure-toi, console-toi, ma pauvre femme, il n'y aura pas de déshonneur ni d'enquête. Notre sauveur, le généreux M. Georgey, a tout arrangé. »

Bonard lui expliqua les intentions de M. Georgey. Quand Mme Bonard eut bien compris la généreuse résolution de l'Anglais, elle, à son tour, se jeta à ses pieds, lui embrassa les genoux, lui adressa les remercîments les plus touchants. Le pauvre

M. Georgey cherchait en vain à terminer une scène qui l'embarrassait; il n'y put parvenir qu'en lui montrant le corps de son fils étendu sur le plancher.

« Et je l'avais oublié dans mon chagrin! » s'écria Mme Bonard en s'élançant sur le corps inanimé de son fils.

Avec l'aide de Julien et de M. Georgey, Frédéric fut relevé, déshabillé, couché, frictionné de vinaigre; il ouvrit enfin les yeux, regarda d'un air effaré les personnes qui l'entouraient; en jetant les yeux sur son père, il poussa un cri d'effroi, se débattit un instant et perdit encore connaissance.

« Master Bonarde pas rester, dit M. Georgey, Fridric avait un épouvantement très gros. Madme Bonarde seule rester avec pétite Juliène. »

XIX

LA MALADIE

M. Georgey emmena Bonard, qu'il eut de la peine à calmer; tantôt il s'accusait d'avoir tué son fils, tantôt il parlait de le chasser, de le rouer de coups. M. Georgey, impassible, le laissait dire. Il attendait les gendarmes.

« Jé voulais dire moi-même, disait-il. Jé voulais faire explication moi seul. »

Il allait sans cesse dans la chambre à côté, savoir des nouvelles de Frédéric et en rapporter à Bonard. La connaissance était revenue, mais il paraissait ne rien comprendre et ne pas savoir ce qu'il disait. Il croyait toujours voir Alcide près de son lit; il suppliait qu'on le chassât.

« Il va me faire du mal; j'ai peur.... Il est si méchant!... Au secours! il veut m'entraîner; il m'entraîne,... au secours! Il appelle les gendarmes! Il veut faire prendre Julien.... On croit que Julien a volé. Pauvre Julien! On le garrotte, on le mène en prison.... Arrêtez! arrêtez! Ce n'est pas lui, c'est Alcide!... Je vous jure que c'est Alcide.... Je l'ai vu,... il me l'a dit....Il ment, il ment.... Ne l'écoutez pas, gendarmes.... Voyez, voyez comme il verse du vin blanc et du rouge à M. Georgey.... Il veut l'enivrer... pour le voler. Voyez-vous comme il le vole? Voyez-vous comme il met des pièces d'or dans la poche de Julien.... Mais dites-lui...? empêchez-le.... Mon Dieu, mon Dieu! quel malheur que j'aie écouté Alcide!... »

Frédéric retombait épuisé sur son oreiller. Il semblait parfois s'endormir, mais il recommençait à crier, à se débattre et à faire connaître, par ses propos incohérents, tout ce qui s'était passé entre lui et Alcide. Mme Bonard ne savait que faire. M. Georgey dit à Julien d'aller chercher le médecin. Julien y courut.

Pendant qu'il faisait sa commission, les gendarmes se présentèrent pour faire leur enquête sur le vol commis la veille chez Bonard.

M. Georgey alla au-devant d'eux et leur serra la main à l'anglaise en riant.

« Vous voir lé vol et lé brisement!... Voilà! »

Et il montra du doigt l'armoire.

« Vous voir lé voleur?... Voilà! »

Et il se désigna lui-même du doigt.

LE BRIGADIER.

Comment, Monsieur! Vous, le voleur? Ce n'est pas possible.

« Vous voir le voleur ?... Voilà ! »

M. GEORGEY.

Ça était très possible, pourquoi ça était. »

M. Georgey se mit à rire de la mine stupéfaite des gendarmes. Il leur expliqua le soi-disant vol, comme il l'avait promis à Bonard, et l'indemnité qu'il venait de lui offrir; Julien avait posé les pièces d'or sur la table : elles y étaient encore.

« Voilà, dit M. Georgey; jé donnais deux cents francs.

LE BRIGADIER.

Il n'y a plus rien à dire, Monsieur; du moment que vous payez si largement le dégât, je ne pense pas que M. Bonard réclame autre chose.

M. GEORGEY.

Master gendarme, moi vous dire un autre chose; lé jeune garçon qué vous attraper hier dans lé ville, c'était lé garçon de M. Bonard. Lé povre fils il était si choqué, si désolé, vous croire il était un voleur, qué il était en désespération, malade et imbécile; il croyait toujours être une voleur; il voyait toujours votre apparition subite. Venez voir; voyez pauvre Madme Bonarde; faut pas attraper si vite. C'est dangereux, bon pour faire un garçon mort. »

M. Georgey ouvrit la porte, fit entrer les gendarmes au moment où Frédéric criait :

« Ce n'est pas moi, ce n'est pas moi!... Monsieur le gendarme, ce n'est pas moi!... Lâchez-moi, je vais mourir.... Au secours! tout le monde.... Ce n'est pas moi!

— Venez vitement, dit M. Georgey en les tirant

par leurs habits. Vous lui faisez épouvantement. N'ayez pas peur, Madme Bonard. Lé physicien il allait venir. C'était bon lé physicien; il guérissait toutes les choses. »

Les gendarmes se retirèrent et témoignèrent à Bonard tout leur intérêt et leurs regrets. M. Georgey les accompagna.

« Voilà pour boire et manger », dit-il en leur tendant une pièce d'or.

LE BRIGADIER.

Pardon, Monsieur, si nous refusons; c'est une insulte que de nous offrir de l'argent pour avoir fait notre devoir. Bien le bonsoir, Monsieur.

M. GEORGEY.

J'étais bien beaucoup chagrine de offenser vous, courageuse soldat, répondit M. Georgey. Jé voulais pas; lé vérité vrai, je voulais pas.

LE BRIGADIER.

Je le pense bien, Monsieur; vous êtes étranger, vous ne connaissez pas nos usages et nos caractères français.

M. GEORGEY.

Moi connaissais bien caractère français; c'était généreuse, c'était très grande, c'était très aimable, et d'autres choses. Jé connaissais, jé savais. Bonsoir, gendarme française. »

Les gendarmes partirent en riant. M. Georgey rentra.

« Jé restais pour écouter lé physicien. Jé voulais savoir quelles choses il fallait pour Fridric. »

Il s'assit et ne bougea plus.

Julien ne tarda pas à revenir accompagné du

médecin. M. Georgey le fit entrer de suite chez Frédéric.

M. Boneuil tâta le pouls du malade, examina ses yeux injectés de sang, écouta sa parole brève et saccadée.

« Il doit avoir eu une vive émotion, une grande frayeur. Depuis quand est-il dans cet état ?

MADAME BONARD.

Depuis trois ou quatre heures, Monsieur. »

L'interrogatoire et l'examen continuèrent quelque temps encore ; le résultat de la consultation fut une saignée immédiate, des sinapismes aux pieds, et diverses autres prescriptions, auxquelles se conforma scrupuleusement Mme Bonard.

M. Georgey se retira avec M. Boneuil ; il l'interrogea ; le médecin comprenait mal ses questions, auxquelles il faisait des réponses que M. Georgey ne comprenait pas du tout. La conversation continua ainsi jusqu'à la porte de M. Georgey, qui salua et rentra.

CAROLINE.

Monsieur ne ramène donc pas Julien ?

M. GEORGEY.

No, *my dear* ; Madme Bonarde elle avait la nécessité de lui.

CAROLINE.

Et quand l'aurons-nous ?

M. GEORGEY.

Jé pas savoir. Physicièné savoir ; moi pas comprendre lé parole sans compréhension de cette mosieur Bonul. Lui parlait, parlait comme un *magpie*.

CAROLINE.

Qu'est-ce que c'est, Monsieur, un *magpie*?

M. GEORGEY.

Vous pas comprendre? C'est étonnant! Vous rien savoir. Un magpie, c'était une grosse oison qui avait des plumets blanc et noir, qui parlait beaucoup toujours. On disait dé femmes : elle parlait comme une *magpie*.

CAROLINE.

Ah! Monsieur veut dire une pie!

M. GEORGEY.

Très justement! Un pie! C'était ça tout justement; comme vous, Caroline. »

M. Georgey, fatigué de sa journée de la veille et de sa matinée, voulut rester chez lui pendant quelque temps à travailler à ses plans et à ses modèles de mécaniques. Il alla seulement tous les jours, matin et soir, savoir des nouvelles de Frédéric; il ne manquait jamais de demander à Julien quand il viendrait.

« Quand Frédéric sera guéri, Monsieur, et quand Mme Bonard n'aura plus besoin de moi », répondait toujours Julien.

La maladie fut longue, la convalescence plus longue encore. La présence de Bonard faisait retomber Frédéric dans un état nerveux qui obligea le médecin à défendre au père de se faire voir jusqu'au rétablissement complet de son fils.

Un jour, deux mois après la foire, Julien entra précipitamment chez Mme Bonard.

« Maîtresse, savez-vous la nouvelle? Alcide vient

de s'engager. C'est son père qui l'y a obligé; il lui a donné le choix ou d'être soldat ou d'être chassé sans argent, sans asile. Il a mieux aimé partir comme soldat. »

Les yeux de Frédéric s'animèrent.

« Il a bien fait; je voudrais bien faire comme lui.

MADAME BONARD.

Toi! Y penses-tu, mon pauvre enfant? C'est un métier de chien d'être soldat.

FRÉDÉRIC.

Pas déjà si mauvais. On voit du pays; on a de bons camarades.

MADAME BONARD.

Ne va pas te monter la tête. Je ne veux pas que tu sois soldat, moi. Ton père ne le voudrait pas non plus. Pour te faire tuer dans quelque bataille!

FRÉDÉRIC.

Mon père! Ça lui est bien égal. Que je vive ou que je meure, que lui importe? Sans M. Georgey, il y a longtemps que je ne serais plus.

MADAME BONARD.

Frédéric, ne parle pas comme ça. N'oublie pas ce qui s'était passé. »

Frédéric se tut, baissa la tête et resta triste et silencieux. Depuis sa maladie on ne le voyait plus sourire : on entendait à peine sa voix; il mangeait peu, il dormait mal, il travaillait mollement. Jamais il ne parlait à son père ni de son père. Il évitait de se trouver avec lui et même de le regarder; il semblait que la vue de Bonard lui causât une sensation pénible, douloureuse même.

XX

L'ENGAGEMENT

Julien avait enfin rempli son engagement avec M. Georgey. Trois mois après la fameuse foire qui avait été témoin de si fâcheux événements, Frédéric put reprendre son travail et Julien commença le sien chez M. Georgey.

Son nouveau maître le fit aller à l'école; Julien avait de la mémoire, de la facilité, de l'intelligence et de la bonne volonté; il apprit en moins d'un an à lire, à écrire, le calcul, les premiers éléments de toutes les choses que M. Georgey voulait lui faire apprendre. Tout le monde était content de lui; il aidait à tout; il était actif, complaisant, prévenant même; il servait M. Georgey avec un zèle et une fidélité qui étaient vivement appréciés par le brave Anglais. Bien des fois M. Georgey avait voulu récompenser généreusement Julien de ses services ; Julien avait toujours refusé ; et quand son maître insistait, sa réponse était toujours la même.

« Si vous voulez absolument donner, Monsieur, donnez à Mme Bonard ce que vous voulez me faire accepter et ce que je suis loin de mériter.

— *Very well, my dear*, répondait M. Georgey ; moi porter à Madme Bonarde. »

Et il remettait en effet à Mme Bonard des sommes dont nous saurons plus tard le montant, car M. Georgey lui avait défendu d'en parler, surtout à Julien, qu'il aimait et qu'il voulait mettre à l'abri de la pauvreté.

« Il refuserait, disait-il, et moi voulais pas lé abandonner sans fortune. Moi voulais Juliène manger des turkeys. »

Un jour il trouva Mme Bonard seule, pleurant au coin de son feu.

M. GEORGEY.

Quoi vous avez, povre Madme Bonarde? Pourquoi vous faisez des pleurements?

MADAME BONARD.

Ah! Monsieur, j'ai bien du chagrin! Je ne peux plus me contenir. Il faut que je pleure pour me soulager le cœur.

M. GEORGEY.

Pour quelle chose le cœur à vous était si grosse?

MADAME BONARD.

Parce que, Monsieur, mon mari et Frédéric ne

peuvent plus se supporter depuis ce jour terrible où vous avez empêché un si grand malheur. Le père ne peut pas voir le fils sans qu'il se sente pris d'une colère qui devient de plus en plus violente. Et le fils a pris son père en aversion, sans pouvoir vaincre ce mauvais sentiment. Je suis dans une crainte continuelle de quelque scène épouvantable. Ce matin, ils ont eu un commencement de querelle, que j'ai arrêtée avec difficulté. Frédéric voulait s'engager comme soldat; le père lui disait qu'un voleur n'était pas digne d'être militaire. Ils se sont dit des choses terribles. J'ai heureusement pu les séparer en entraînant Frédéric; mais si une chose pareille se passait en mon absence, vous jugez de ce qui pourrait en arriver. »

L'Anglais ne répondit pas; il réfléchissait et la laissait pleurer.... Tout à coup il se leva et se plaça devant elle les bras croisés.

« Madme Bonarde, dit-il d'une voix solennelle, avez-vous croyance... c'est-à-dire confidence à moi?

MADAME BONARD.

Oh oui! Monsieur, toute confiance, je vous assure.

M. GEORGEY.

Mille mercis, Madme Bonarde. Alors vous tous sauvés et satisfaits.

MADAME BONARD.

Comment? Que voulez-vous faire? Comment empêcherez-vous le père de rougir de son fils, et le fils de garder rancune à son père?

M. GEORGEY.

Je pouvais très bien. Vous voir bien vite.

MADAME BONARD.

Mais, en attendant, s'ils se reprennent de querelle?

M. GEORGEY.

Reprendre rien, du tout rien. Où il est Fridric?

MADAME BONARD.

Il bat le blé dans la grange.

M. GEORGEY.

Très bon, très bon. Je voulais voir lui vitement. Vous appeler Fridric. »

Mme Bonard, qui avait réellement confiance en M. Georgey, se dépêcha d'aller chercher Frédéric et l'amena dans la salle.

M. GEORGEY.

Fridric, il y avait deux années toi pas heureuse, M. Bonarde pas heureuse, Madme Bonarde pas heureuse. Moi voulais pas. Moi voulais tous heureuse. Toi venir avec moi, toi prendre logement avec moi. Et moi t'arranger très bien. Bonsoir, Madme Bonarde; demain jé dirai toute mon intention. Viens, Fridric, viens vitement derrière moi. »

M. Georgey sortit, Frédéric, très surpris, le suivit machinalement sans comprendre pourquoi il s'en allait. Mme Bonard, non moins étonnée, le laissa partir sans savoir ce que voulait en faire M. Georgey, mais fort contente de le voir quitter la maison et très assurée que c'était pour son bien.

En route, M. Georgey expliqua à Frédéric, tant bien que mal, ce qu'il venait d'apprendre.

Frédéric suivit machinalement M. Georgey.

M. GEORGEY.

Il fallait pas rester là, Fridric. Il fallait devenir soldat, une bonne et brave militaire française. Toi avais envie. Lé père voulait pas, moi jé voulais et toi voulais. Toi demeurer avec pétite Juliène; moi écrire lé lettre pour toi faire une bonne engagement. Jé connaissais une brave colonel; moi lui faire recommandation pour toi. Quand lé colonel dira *yes*, jé enverrai toi avec des jaunets pour toi être heureuse là-bas.... Tu voulais? Dis si tu voulais. Tu avais dix-houit ans, tu pouvais.

FRÉDÉRIC.

J'en serais bien heureux, Monsieur; mais mon père ne voudra pas, il me refusera la permission.

M. GEORGEY.

Jé disais tu avais dix-houit années. Jé disais tu pouvais sans permission. Dis si tu voulais.

FRÉDÉRIC.

Oui, Monsieur; je veux, je le veux, bien certainement. Je ne peux plus vivre chez mon père, j'y suis trop malheureux. Il ne me parle que pour m'appeler voleur, coquin, scélérat. Il me fait des menaces terribles pour m'empêcher de recommencer, dit-il. Ma pauvre mère pleure toujours; mon père la gronde. La maison est un enfer.

M. GEORGEY.

C'était mauvais, oune enfer; il fallait oune paradis, et moi lé voulais. Toi dèvenir oune brave militaire; toi gagner lé croix ou lé médaille, et toi revenir toute glorieuse. Lé papa devenir glorieuse, la maman fou de bonheur et toi contente et honorable.

— Merci, Monsieur, merci, s'écria Frédéric rayonnant de joie. Depuis plus d'un an, je mène la vie la plus misérable, et c'est à vous que je devrai le bonheur. »

M. Georgey regardait avec satisfaction Frédéric, dont les yeux se remplissaient de larmes de reconnaissance.

M. GEORGEY.

C'était très bien, *my dear*. Toi rester encore bonne créature; Alcide il était parti, toi jamais voir cette coquine, cette malhonnête. C'était très bien. »

M. Georgey rentra avec Frédéric.

M. GEORGEY.

Caroline, Fridric prendre logement ici. Lui rester oune semaine. Vous, préparer oune couchaison.

CAROLINE.

Mais, Monsieur, je n'ai ni chambre ni lit à lui donner.

M. GEORGEY.

Vous cherchez dans lé bourg vitement.

CAROLINE.

Mais, Monsieur, personne ici n'a de lit à prêter.

M. GEORGEY.

Jé demandais pas prêter; jé demandais acheter. Allez vitement acheter lé lit de la coquine Alcide.

CAROLINE.

Combien faudra-t-il le payer, Monsieur?

M. GEORGEY.

Caroline, vous mettez en colère moi. Payez quoi

demandera lé coquine dé pére. Allez vitement; j'étais tout en bouillonnement. »

Caroline disparut pour exécuter l'ordre de M. Georgey; elle savait que la contrariété le mettait dans des colères terribles, et, malgré qu'il n'eût jamais frappé ni même injurié personne, elle avait une grande frayeur de ses yeux étincelants, de ses dents serrées, de ses poings crispés, de ses mouvements brusques, des coups qu'il frappait sur les meubles. Le marché fut débattu et pas conclu.

BOUREL.

Pour qui donc demandez-vous le lit d'Alcide?

CAROLINE.

C'est pour quelqu'un qui est pressé.

BOUREL.

Il ne vaut pas grand'chose, je vous en préviens; il n'est pas neuf, il s'en faut.

CAROLINE.

Aussi je ne pense pas que vous me demandiez un grand prix. Vous le donnerez bien pour vingt à vingt-cinq francs?

BOUREL.

Ce n'est guère, vingt-cinq francs; mais sans couvertures, alors.

CAROLINE.

Que voulez-vous que nous fassions d'un lit sans couvertures?

BOUREL.

Nous, dites-vous? C'est donc pour vous, c'est-à-dire pour votre maître.

CAROLINE.

Certainement, et il est pressé.

BOUREL.

Ah! c'est pour M. Georgey? Et il est pressé! Il m'en donnera bien cent francs.

CAROLINE.

Cent francs pour une patraque de lit! Quatre planches et une méchante paillasse! Vous plaisantez, père Bourel.

BOUREL.

Je ne plaisante pas. Cent francs ou rien. »

Caroline hésita. Si elle revenait sans lit, elle amènerait une crise de colère. D'un autre côté, payer cent francs un vieux lit vermoulu qui se composait d'une paillasse, d'un traversin et de deux mauvaises couvertures, c'était par trop se laisser duper.

« Ma foi non, c'est trop fort aussi. Gardez votre lit; j'en aurai un ailleurs. »

Et Caroline sortit.

BOUREL, *criant*.

Mam'selle Caroline, mam'selle Caroline, revenez donc; je le donne pour quatre-vingts,... pour soixante,... pour quarante. Revenez donc. Ne soyez pas si prompte.... Je vous le porterai et je vous le monterai par-dessus le marché. »

Caroline revint sur ses pas.

CAROLINE.

Apportez-le, dans ce cas, et dépêchez-vous. Monsieur est impatient.

BOUREL.

Le temps de démonter le lit et je serai chez vous. »

Caroline rentra triomphante; elle raconta à son

maître comment elle lui avait fait gagner soixante francs.

M. Georgey rit de bon cœur.

« Tenez, Caroline, voilà cent francs.

CAROLINE.

C'est quarante, Monsieur, puisque j'ai marchandé.

M. GEORGEY.

Vous faire marchandement pour vous, moi marchandais pas, jamais.

CAROLINE.

Mais, monsieur, c'est soixante francs que vous me donnez. C'est trop.

M. GEORGEY.

Jé disais c'était pas trop pour récompensement. L'honnête, c'était rare beaucoup; jé payais cher lé rare. Et soixante francs c'était pas trop.... Moi pas voulais voir cette malhonnête. Faisez tout l'affaire tout seul. »

Caroline se retira rouge de joie, avec force remercîments et révérences.

M. GEORGEY.

C'était assez, *my dear*. Allez-vous là-bas. Fridric aussi là-bas. Quand pétite Juliène est retourné, vous direz à lui monter. »

Ils s'arrangèrent de leur mieux en bas. Caroline fit placer le lit de Frédéric dans un cabinet noir près de la cuisine; ce n'était que pour peu de jours; il déclara s'y trouver très bien.

Une heure après, quand Julien monta chez M. Georgey, il le trouva écrivant une lettre.

M. GEORGEY.

Ah! pétite Juliène, jé voulais savoir tes connaissances. Jé voulais voir tes écritures. »

Julien lui fit voir ses cahiers qu'il apportait de chez le maître d'école. M. Georgey les examina.

M. GEORGEY.

C'était très parfaitement bien. L'écrivement il était très joli; lé dessination il était très fort régularisé. Lé calculement il était parfaitement exactement.

JULIEN.

C'est que voilà plus d'un an, Monsieur, que je prends des leçons.

M. GEORGEY.

Et jé voulais toi prendais une année encore, et alors toi pouvais rétourner avec Master et Madme Bonarde. Ça était mieux qué faire des dessinations, des fabrications comme jé voulais. Eux tout seuls, tout tristes, eux t'aimer beaucoup fort; toi heureuse chez Madme Bonarde; moi laisser à toi argent; toi pas être un charge, mais un richesse. Tu devenais rouge? Tu étais contente.

JULIEN.

Oui, très content, Monsieur; mais vous, Monsieur, que j'aime et auquel je dois tant, il faudra donc que je vous quitte?

M. GEORGEY.

Oui, *my dear*. Moi avoir fini ici l'établissement du fabrication. Moi faisais pour m'amuser, pour voir lé pays, pour faire des progressions dé fabrications dans lé France. Moi étais riche, très fort riche. J'avais pas besoin pour moi. Toi avoir instrouction assez dans une année encore; moi laisser à Madme Bonarde argent pour ton vivotement et pour ton établissement.

JULIEN.

Je ne sais comment vous remercier, Monsieur, de toutes vos bontés pour moi. Je voudrais ne jamais vous quitter, Monsieur. Je voudrais bien aussi rentrer chez M. et Mme Bonard, si bons pour moi. Mais Frédéric, Monsieur? Il ne m'aime pas beaucoup, vous savez; il ne sera pas content que je rentre chez lui.

M. GEORGEY.

Fridric il avait quitté chez lui; il sé faisait soldat français. Il était dans lé bas, chez Caroline; va demander explication à lui. »

Julien, surpris de savoir Frédéric chez M. Georgey et n'osant le questionner à ce sujet, descendit dans la salle à manger et y trouva Frédéric seul. Caroline s'occupait du ménage. Julien apprit alors ce qui s'était passé le matin entre M. Bonard et son fils; il comprit les terreurs de Mme Bonard et le moyen qu'avait trouvé M. Georgey pour les faire cesser.

JULIEN.

Mais as-tu réellement envie de t'engager, Frédéric?

FRÉDÉRIC.

C'est le seul moyen pour moi d'échapper au mépris et à la colère de mon père! Si tu savais comme je suis malheureux depuis près de deux ans que j'ai repris mon travail avec mon père! J'ai fait de bien grandes fautes, c'est vrai; mais je les ai tant regrettées! J'en ai eu un si grand chagrin, que mon père aurait dû avoir pitié de moi et me les pardonner comme a fait ma mère. Quand je serai soldat, on ne pensera plus à moi ; et si j'ai le bonheur d'être tué dans un combat, on me pardonnera peut-être. J'ai été voir plusieurs fois notre bon curé ; il a cherché à me consoler. Il trouve que je ferais bien de partir pour l'armée.

JULIEN.

Je trouve aussi que ta pensée est bonne ; mais que deviendront tes pauvres parents, ta pauvre mère, surtout?

FRÉDÉRIC.

Tu leur resteras, Julien : ils t'aiment beaucoup, et ils ont bien raison. Ah! si j'avais fait comme toi! Si j'avais repoussé les conseils de ce méchant Alcide! Si je t'avais écouté! »

Frédéric tendit la main à Julien, qui la serra dans les siennes.

FRÉDÉRIC.

Mon cher Julien! j'ai été jaloux de toi parce que tu étais bon! Je t'ai détesté parce que tu avais refusé de faire comme moi! Pardonne-moi, Julien! Sois mon ami, mon frère! Je t'aime à présent. »

Julien se jeta dans les bras de Frédéric.

JULIEN.

Oui, Frédéric, je suis ton ami, ton frère. Je garderai ta place pour ton retour. »

Ils causèrent longtemps encore. Frédéric sentit son cœur soulagé après cette conversation ; sa tristesse se dissipa, et il se raffermit dans ses bons sentiments.

L'ENGAGEMENT 249

Tous deux servirent M. Georgey pendant son dîner, et tous deux s'efforcèrent de lui témoigner leur reconnaissance par mille petits soins, que M. Georgey recevait avec plaisir et affection.

XXI

LES ADIEUX

Cinq à six jours après, Caroline apporta à M. Georgey une lettre timbrée de Lyon. Il la lut et appela Frédéric.

« Voilà, dit-il, c'était la réponse du colonel. »

Frédéric prit la lettre et lut :

« Mon cher Georgey, envoyez-moi de suite le jeune homme dont vous me parlez, et auquel vous prenez un si vif intérêt. J'en aurai soin ; soyez tranquille sur son avenir. Il faudra qu'il passe six mois au dépôt du régiment. Après ce temps, je me le ferai envoyer en Algérie, où nous sommes pour quelques années encore. J'espère que vous n'oublierez pas la visite que vous m'avez promise. Vous trouverez ici de quoi satisfaire votre goût pour les manufactures de toute espèce. Adieu, mon ami; mille amitiés reconnaissantes pour les services que vous m'avez rendus et que je n'oublierai jamais.

« BERTRAND DUGUESCLIN,

« Colonel du 102ᵉ chasseurs d'Afrique. »

M. GEORGEY.

Demain, il fallait partir, Fridric.

FRÉDÉRIC.

Demain! Déjà! Julien, mon bon Julien, va dire à ma pauvre mère qu'elle vienne m'embrasser ce soir et demain encore.

M. GEORGEY.

C'est moi qui allais dire à Madme Bonarde. Toi gardais petite Juliène pour consolation. »

M. Georgey prit son chapeau et sortit.

« Comme il est bon, M. Georgey! dit Frédéric d'un air pensif. C'est pour que je ne reste pas seul qu'il va lui-même parler à maman. Et moi qui le trompais, qui le laissais voler par ce mauvais Alcide!

JULIEN.

Ne pense plus au passé, Frédéric; tu sais qu'un soldat doit être courageux d'esprit et de cœur aussi bien que d'action. Tu vas partir pour nous revenir tout changé; ainsi laisse tes vieux péchés, ne songe qu'à l'avenir.

FRÉDÉRIC.

Je tâcherai; mais, Julien, avant de tout quitter, de tout oublier, il faut que j'écrive à mon père pour emporter son pardon. Apporte-moi de quoi faire mes lettres. »

Julien lui apporta papier, plume et encre, et se mit lui-même à faire un devoir pendant que Frédéric écrivait ce qui suit :

« Mon père, je pars pour signer un engagement; le bon M. Georgey m'ayant assuré qu'à dix-huit ans votre permission n'était pas nécessaire, je me borne à vous demander votre pardon pour le passé, votre bénédiction pour l'avenir. Je serai malheureux tant que je ne me sentirai pas remonté dans votre affection et votre estime. Je vous réponds que désormais votre nom sera dignement porté par votre fils infortuné,

« FRÉDÉRIC,
« Soldat au 102ᵉ chasseurs d'Afrique. »

Il écrivit une seconde lettre au bon curé, une autre à M. Georgey, pour leur exprimer une dernière fois son repentir et sa reconnaissance; il écrivit enfin une lettre que Julien devait remettre après son départ à Mme Bonard.

Quelque temps se passa avant le retour de M. Georgey. Il arriva enfin; l'heure du dîner l'avait rappelé.

M. GEORGEY.

Madme Bonarde vénir après souper des animals. J'avais dit doucement, pour pas la faire trop surpris, trop affligée. J'avais dit comme ça :

« — Madme Bonarde, vous excellente créature;
« vous très douce, pas murmurant à bon Dieu. Alors
« j'avais à dire une chose crouelle, mais pas encore;
« faut laisser habituer vous au pensée cruel. »

« Madme Bonarde avait prié, avait pleuré, avait

supplié moi lui apprendre chose cruelle. Mais moi, je regardais à l'horloge et je disais :

« — No, Madme Bonarde, c'était impossible ; je « attendrai oune heure entier dé soixante minutes. »

« J'avais du chagrinement, du gros cœur dé voir les larmoiements terribles dé la povre Madme Bonarde ; mais jé voulais pas ; j'avais prévenu, oune heure. Et c'était oune heure.

« Quand l'horloge avait sonné, jé m'étais levé ; j'avais été debout devant Madme Bonarde, j'avais croisé lé bras, les deux, et j'avais dit :

« — Madme Bonarde. »

« Elle répondait rien. C'était très étonnant. Jé dis encore :

« — Madme Bonarde. »

« Elle répondait rien. Jé regardais, et jé voyais qu'elle pleurait si énormément fort, que pouvait pas dire un parole. Jé dis lé troisième fois :

« — Madme Bonarde, jé voulais, jé devais dire à vous qué Fridric, votre garçone,... devinez quoi?

« — Est mort ! elle répondait.

« — No, no, jé dis ; pas morte, pas morte.

« — Il est très malade, elle dit.

« — No, no, pas malade, jé dis.

« — Alors, quoi donc? Dites, parlez; vous me faites mourir ! »

« — Fridric, jé dis, il allait très bien, il était « très excellente ; mais il devait partir demain pour « soldat; aller très loin ; lui voulait vous vénir lé « voir, lui donner les embrassements, lé bénédic- « tions, lé consolations, cé soir et encore demain. »

« Elle pleurait pas, elle disait :

« — Quoi encore ?

« — Rien », jé dis.

« Et puis elle mé disait j'étais oune cruel, j'avais méchanceté ; elle très colère. Moi jé disais :

« — Quoi vous avez ? J'avais fait exprès. Fridric « s'en aller pour lé guerre, pour lé boulète, c'était « afreux ! »

« Moi lui dire rien, c'était un tourmentement terrible ; elle croire Fridric morte.

« Pas du tout. Fridric seulement partir.

« Madme Bonarde alors content, parfaitement heureux. Vous voyez, les deux, j'avais fait parfaitement. »

Frédéric et Julien qui, dans le commencement du récit de M. Georgey, s'étaient sentis irrités contre lui, se mirent à rire à la fin, et n'eurent pas le courage de lui reprocher d'avoir fait souffrir inutilement Mme Bonard. Frédéric le remercia même et attendit avec impatience l'arrivée de sa mère. Elle vint plus tôt qu'il ne l'espérait, parce que son mari avait été au loin pour une vente de foin qu'il devait terminer en soupant chez son acheteur. Elle demanda à M. Georgey la permission de dîner chez lui pour rester le plus longtemps possible avec Frédéric.

M. GEORGEY.

Et votre mari, Madme Bonarde ? lui pas venir ?

MADAME BONARD.

Non, Monsieur ; je n'ai pas osé lui en parler.

M. GEORGEY.

J'étais étonné, très étonné. Master Bonarde faisait mal; et jé croyais il faisait toujours bien.

MADAME BONARD.

Il attend peut-être une demande de Frédéric.

FRÉDÉRIC.

C'est à quoi j'ai pensé, maman, et je lui ai écrit une lettre que vous lui remettrez ce soir, n'est-ce pas? La voici.

MADAME BONARD.

Tu as bien fait, mon enfant; je la lui remettrai certainement aussitôt qu'il sera rentré. »

Mme Bonard était si contente d'avoir été rassurée sur son fils après la terrible inquiétude que lui avait causée l'ingénieuse idée de M. Georgey, qu'elle éprouvait plus de joie que de tristesse; le souper fut assez gai. Frédéric et Julien étaient heureux de la voir si résignée. Caroline avait soigné le repas; le vin était bon; M. Georgey, fidèle à sa promesse, n'en but qu'une bouteille et n'en laissa boire qu'une à ses convives. Ce jour-là tout le monde mangea ensemble, car c'était le dernier repas que faisait Frédéric avec sa mère et avec Julien.

Le soir, ils reconduisirent Mme Bonard chez elle. M. Georgey était reparti pendant qu'elle faisait ses adieux à Frédéric, en lui promettant une dernière visite pour le lendemain de bonne heure avant son départ. Julien demanda à Frédéric s'il ne voulait pas faire un tour dans les champs.

« Non, répondit Frédéric, je retrouverais partout des souvenirs d'Alcide et des mauvaises actions qu'il m'a fait commettre; rejoignons M. Georgey, et revenons avec lui par la route ordinaire. »

La nuit fut agitée pour Frédéric et pour Julien.

Julien accompagna son nouvel ami. (Page 239.)

LES ADIEUX

Le lendemain de bonne heure, Caroline leur apporta à déjeuner. Quand ils eurent mangé, Frédéric alla faire ses adieux à M. Georgey, qui lui serra la main, mit dedans un petit rouleau de pièces d'or, et lui promit d'aller le voir pendant sa visite à son ami le colonel Duguesclin, en Algérie. Frédéric lui adressa un dernier remerciement, lui baisa la main et sortit les yeux pleins de larmes. Il trouva en bas sa mère qui arrivait.

« Et mon père? demanda-t-il.

MADAME BONARD, *hésitant*.

Ton père te remercie de ta lettre; il a voulu venir avec moi, mais au dernier moment il n'a plus voulu. Il a dit qu'il craignait de s'emporter; qu'il sentait bien qu'il avait tort, mais que c'était plus fort que sa volonté. Il m'a chargée de te dire qu'il te pardonnait, qu'il t'envoyait sa bénédiction. »

Frédéric fut consolé par ces dernières paroles et embrassa sa mère plus de dix fois. Les adieux furent pénibles. Julien accompagna son nouvel ami jusqu'à la ville et ne le quitta qu'à la gare du chemin de fer, au moment où il montait en wagon. Il revint tout triste; M. Georgey lui donna congé jusqu'au soir pour consoler la pauvre Mme Bonard.

XXII

LES MAUVAIS CAMARADES

Une année se passa encore sans aucun événement important. Au bout de ce temps il fut convenu que Julien rentrerait chez ses anciens maîtres, et que M. Georgey partirait pour faire un voyage dans le midi de la France, puis pour l'Afrique, où il projetait d'établir de nouvelles manufactures. Il avait reçu deux ou trois lettres du colonel Duguesclin, qui lui donnait d'excellentes nouvelles de Frédéric; il était compté parmi les meilleurs soldats du régiment. Il y avait eu deux ou trois petits combats dans lesquels il s'était distingué; il avait été nommé avec éloge deux fois dans l'ordre du jour, et le colonel ne doutait pas qu'il ne fût nommé brigadier, puis maréchal des logis très prochainement.

Ces lettres changèrent entièrement les dispositions fâcheuses de Bonard à l'égard de son fils; au lieu d'en rougir, il en devint fier et ne laissait pas échapper une occasion de parler de son fils et des éloges que faisait de lui son colonel.

Quand M. Georgey dut partir pour l'Algérie, Bonard lui envoya une lettre pleine d'affection et d'encouragement pour Frédéric, le bénissant, l'appelant son cher fils, la gloire de son nom, l'espoir de ses vieux jours, etc.

Pendant cette année, que devenait Alcide? Le hasard l'avait fait entrer dans le même régiment que Frédéric; seulement, et pour le grand bonheur de ce dernier, l'escadron d'Alcide fut envoyé dans une autre garnison assez éloignée.

Mais un jour, jour fatal qui se trouva être celui du départ de M. Georgey pour l'Afrique, l'escadron de Frédéric reçut l'ordre de joindre l'autre. Huit jours après ils étaient réunis, et Frédéric reconnut avec effroi qu'Alcide faisait partie du régiment. Alcide, lui, fut enchanté de cette découverte; il résolut de s'appuyer sur Frédéric, qu'il savait bien vu du colonel, et dont l'excellente réputation au régiment corrigerait la sienne qui était très mauvaise.

« Quand on nous verra amis, pensa-t-il, on me considérera davantage et on ne me fera plus faire toutes les corvées du service. Il faudra tout de même que je ménage ce Frédéric. Pas un mot du passé; il m'éviterait si je lui en parlais. Non, non, pas si bête. Je ferai l'honnête homme, le saint homme même, au besoin. Je le flatterai, je lui ferai faire connaissance avec mes amis, en lui disant que ce sont de braves jeunes gens qui ont besoin de bons conseils, de bons exemples; que nous lui demandons de nous diriger, de nous compter parmi ses amis. Je saurai bien l'empaumer; il est faible, et, une fois pris, nous profiterons de l'argent que lui envoie son imbécile d'Anglais pour faire des parties. C'est ça qui est amusant! Et nous n'avons pas le sou, nous autres pauvres diables! Il faut que je fasse la leçon aux amis. Qu'ils n'aillent pas se trahir devant lui! Ils perdraient tout, les gredins! »

Alcide alla en effet à la recherche de ses camarades, leur expliqua qu'il fallait viser à la bourse de Frédéric, et que pour cela il fallait paraître sages, tranquilles, bons soldats, en un mot.

« Quand il sera pris une fois seulement en manquement de service, nous le tiendrons et nous le ferons marcher. Le tout, c'est de savoir s'y prendre. »

Il continua ses recommandations et ses explications; les autres finirent par l'envoyer promener.

« Est-ce que tu nous prends pour des imbéciles, pour nous mâcher la besogne comme tu le fais? Nous saurons bien l'entortiller sans que tu t'en mêles.

ALCIDE.

Non, vous ne le connaissez pas; vous ne saurez pas le prendre; il vous échappera, et j'en porterai la peine : il connaît bien le proverbe : *Qui se ressemble s'assemble.*

GUEUSARD.

Fais comme tu voudras; mais je dis, moi, qu'il faut commencer par lui faire payer la bienvenue, et l'enivrer si nous pouvons.

GREDINET.

Et le dévaliser après, son Anglais le remplumera.

ALCIDE.

Et tu crois, imbécile, qu'il se laissera faire comme un oison, sans même ouvrir le bec pour crier?

FOURBILLON.

Qu'il crie, qu'il piaille, je m'en moque pas mal, quand j'aurai vidé son gousset.

RENARDOT.

Et quand il crierait, qu'est-ce que cela nous fait? Il ne portera pas plainte, puisqu'il se sera grisé avec nous.

ALCIDE.

Faites comme vous voudrez; seulement vous ferez fausse route, c'est moi qui vous le dis.

GUEUSARD.

C'est ce que nous allons voir. Voilà l'ouvrage de la caserne fini; tu vas nous présenter et lever le premier le lièvre de la bienvenue.

ALCIDE.

Je n'en soufflerai pas mot. Ce serait tout perdre.... Mais tenez, le voilà qui débusque dans la cour. Suivez-moi. »

Alcide, suivi de sa bande, se dirigea vers Frédéric qui venait prendre l'air; la journée avait été brûlante, chacun cherchait à respirer avant l'heure de la retraite.

ALCIDE.

Bonjour, mon brave Frédéric. Nous voici enrôlés dans le même régiment, et bien différents de ce que nous étions quand nous nous sommes quittés. Voici des amis que je te présente. Ils ont, comme moi, entendu parler de toi.

FRÉDÉRIC.

De moi? A propos de quoi donc?

ALCIDE.

Comment! tu es donc seul à ne pas savoir qu'il n'est bruit que de toi dans le régiment? Ton nom est dans toutes les bouches. Quand nous voulons faire l'éloge d'un des nôtres, nous disons : « Brave « comme Bonard, exact comme Bonard, bon chrétien « comme Bonard, généreux comme Bonard ». N'est-il pas vrai, camarades? Je ne blague pas, moi.

TOUS.

Oui, oui, très vrai! Ça a passé en proverbe dans l'escadron.

FRÉDÉRIC.

Merci de votre bonne opinion, camarades. Je suis heureux de vous connaître. Et toi, Alcide, je compte bien que nous vivrons en bonne amitié et en bons soldats, en vrais chrétiens.

ALCIDE.

C'est bien ma pensée; nous emboîterons tous le même pas.

GREDINET.

Nous serons la crème de l'escadron, toi, Bonard, à notre tête.

RENARDOT.

Oui, soyons tous les grenadiers de Bonard, et ce sera notre gloire.

FOURBILLON.

Fumes-tu quelquefois?

FRÉDÉRIC.

Non, ce n'est pas mon habitude.

FOURBILLON.

Tant pis, je t'aurais demandé un cigare; j'ai un mal de dents à me rendre fou, et pas un centime pour en acheter un.

FRÉDÉRIC.

Qu'à cela ne tienne. Je n'ai pas de cigares, mais j'ai de quoi en acheter. Combien t'en faut-il?

FOURBILLON.

Cela dépend des camarades. S'ils veulent fumer en ton honneur, pour fêter ta bienvenue, et si tu es généreux, comme on le dit, tu lâcheras bien deux cigares par tête.

FRÉDÉRIC.

Deux, c'est trop peu; mettons en quatre; nous sommes six; mais comme je n'en suis pas, cela fait vingt cigares. A combien la pièce?

GUEUSARD.

Pour en avoir de passables, faut bien y mettre quinze centimes; ça fait trois francs.

FRÉDÉRIC.

Tiens, voilà cinq francs. Va à la provision.

GUEUSARD.

Tu mérites bien ta réputation, brave camarade. J'y cours, et vous ne m'attendrez pas longtemps.

ALCIDE, *bas à Frédéric.*

Tu as bien fait, Frédéric. Ce sont de pauvres gens qui n'ont pas le sou, comme moi; ils sont re-

« Voici des amis que je te présente. » (Page 265.)

connaissants; tu les mèneras tous à la baguette si tu les fournis de temps à autre. »

Ce fut le premier essai d'Alcide et de ses compagnons. Ils continuèrent à dégarnir la bourse de Frédéric en lui faisant sans cesse de nouvelles demandes. Tantôt c'étaient des cigares, tantôt une bouteille de vin, tantôt une petite perte au jeu à payer. Frédéric, méfiant dans les commencements, se laissa aller quand il vit Alcide si complètement changé en apparence, si honteux de son passé, qu'il rappelait adroitement et indirectement sans que personne autre que Frédéric pût le comprendre. Il ne s'apercevait pas que ces prétendus amis le circonvenaient de plus en plus et le séparaient des autres camarades dont ils lui disaient sans cesse du mal.

Un jour, le colonel le rencontra entouré de la bande d'Alcide; il l'appela.

LE COLONEL.

Comment ça va-t-il, mon cher? Il y a longtemps que je ne t'ai vu. Pourquoi donc fais-tu société avec ces gens-là? Ce sont les plus mal notés du régiment. Prends garde! Je te porte intérêt, tu le sais, et je n'aime pas à te voir fréquenter de mauvais sujets. J'ai mes rapports; je sais que tu leur donnes de l'argent, que tu es souvent avec eux, qu'ils boivent et te font boire quelquefois. Je te le répète, prends garde qu'ils ne t'entraînent à mal.

FRÉDÉRIC.

Je vous remercie bien de votre bon avis, mon colonel. Je croyais avoir là de bonnes relations. Je les vois bien doux, bien rangés, exacts à leur service; je ne m'en étais pas méfié. Mais votre avertissement ne sera pas perdu, mon colonel, et dès aujourd'hui je m'en séparerai.

LE COLONEL.

Ils sont donc bien changés, pour que tu en aies si bonne opinion? Malgré les apparences, n'oublie pas mon conseil. Au revoir, mon ami, je ne te perdrai pas de vue. »

Le colonel s'éloigna, les amis d'Alcide se rapprochèrent.

ALCIDE.

Qu'est-ce qu'il t'a dit le colonel? Il nous regardait en te parlant.

FRÉDÉRIC.

Il m'a dit quelque chose qui ne me fait pas plaisir et qui vous regarde tous.

GREDINET.

Quoi donc? Tu as l'air contrarié, en effet.

FRÉDÉRIC.

On le serait à moins. Il m'a dit de prendre garde aux camarades mal notés dans le régiment.

RENARDOT.

Eh bien, en quoi cela nous regarde-t-il?

FRÉDÉRIC.

En ce qu'il m'a dit que vous en étiez.

ALCIDE.

Ah bah! Tu ne l'as pas cru, je pense?

FRÉDÉRIC.

Mon colonel m'a toujours donné de bons avis, et je me suis toujours bien trouvé de les avoir écoutés.

ALCIDE.

Tu veux donc nous lâcher! C'est ça qui serait un méchant tour; tu nous manquerais trop.

FRÉDÉRIC.

Je ne vous manquerai pas en ce que vous me trouverez toujours prêt à vous obliger et à vous venir en aide. Mais je vous fréquenterai moins, pour obéir à mon colonel. »

Alcide regarda les camarades et cligna de l'œil. Ils comprirent qu'il n'y avait pas de temps à perdre pour exécuter leurs projets, et avoir de Frédéric tout ce qu'ils pourraient en tirer.

ALCIDE.

Je respecte ta soumission, mon ami, et nous, de notre côté, nous t'éviterons au lieu de te chercher. Mais accorde-nous une dernière soirée. Nous nous réunirons dans la chambre et nous viderons une ou deux bouteilles à la santé du colonel, quelque injuste qu'il soit à notre égard. »

Frédéric, surpris et satisfait d'une obéissance qu'il n'espérait pas, consentit volontiers à cette soirée d'adieux; il promit de les rejoindre dans la chambrée aussitôt après l'exercice. Et ils se quittèrent amicalement.

XXIII

LE MAUVAIS GÉNIE

Quand les amis furent souls, ils se regardèrent tous avec consternation.

ALCIDE.

Le Jocrisse nous échappe. Je vous avais dit que vous alliez trop vite en besogne; on nous a vus trop souvent ensemble; nous l'avons mené trop souvent à la cantine. Il fallait aller plus doucement, l'enivrer sans qu'il s'en doutât, et nous aurions eu le magot.

GUEUSARD.

Ce qui est différé n'est pas perdu; nous avons encore la soirée.

ALCIDE.

Que veux-tu que nous en fassions à présent que le voilà prévenu?

GREDINET.

Laisse-moi faire; je me charge de lui faire avaler plus qu'il ne lui en faut pour faire passer ses jaunets dans notre poche.

ALCIDE.

Essayons; c'est notre dernière journée, nous n'avons plus à le ménager. »

De concert avec Alcide, Gueusard et Gredinet se chargèrent du vin et de l'eau-de-vie. Ils allèrent en demander à la cantine pour le compte de l'ami Bonard; on savait qu'il payait bien, et on livra aux deux amis tout ce qu'ils demandèrent, dix bouteilles de vin du Midi, du plus fort, et six bouteilles d'eau-de-vie et de liqueurs *travaillées* avec de l'esprit-de-vin, et autres ingrédients nuisibles.

Après l'exercice, Frédéric se rendit à la chambrée, comme il l'avait promis; les amis y étaient déjà.

ALCIDE.

Tu es exact, et tu l'as toujours été.

FOURBILLON.

Je ne m'étonne pas que le colonel t'ait pris en gré; tu fais le meilleur soldat du régiment.

RENARDOT.

Et ce n'est pas seulement le colonel qui t'aime, tous tes supérieurs ont de l'amitié pour toi.

GUEUSARD.

Tu iras loin, c'est moi qui te le dis.

ALCIDE.

Ma foi, je ne serais pas étonné que nous ayons un jour à te présenter les armes et à t'appeler mon général.

GREDINET.

Et le jour n'est pas loin où nous t'appellerons mon maréchal des logis.

ALCIDE.

Et ce ne sera que justice de la part du colonel; il mérite bien que nous buvions un coup à sa santé.

TOUS.

C'est ça! A la santé du colonel! Vive le colonel! »

Frédéric ne put refuser la santé du colonel; il avala son verre avec empressement; les flatteries de ses amis l'avaient bien disposé.

GREDINET.

Ce sont tes parents qui seront fiers! les vois-tu te voyant arriver avec les galons de maréchal des logis?

ALCIDE.

Ces chers parents! Seront-ils heureux et fiers! Il faut boire à leur santé. Vivent M. et Mme Bonard! »

Frédéric, attendri par la pensée du retour au pays avec les galons de maréchal des logis, but encore volontiers un verre à la santé de ses parents.

RENARDOT.

Et comme le lieutenant-colonel parle de toi! Il semblerait que tu sois son fils, tant il te regarde avec plaisir.

GUEUSARD.

C'est que tu es joli garçon! En grande tenue, dans le rang, il n'y en a pas de plus beau que toi.

ALCIDE.

Et nous qui oublions de boire à sa santé! Vive le lieutenant-colonel! A sa santé! »

Un troisième verre fut vidé à la santé de cet excellent chef. Frédéric parlait, riait, remerciait.

Un quatrième verre fut avalé à la santé du capitaine, puis un cinquième pour le lieutenant. La tête de Frédéric commençait à s'échauffer. Les amis passèrent ensuite à l'eau-de-vie, dont Frédéric ne soupçonnait pas la force. Puis vinrent les chants, les rires, les cris. Alcide était ivre; ses amis l'étaient plus encore; ils l'étaient au point d'avoir oublié le magot dont ils avaient voulu s'emparer. Frédéric, qui avait conservé assez de raison pour se ménager, était un peu moins ivre que les autres, mais il n'avait plus ses idées nettes. Le tapage devint si fort qu'il attira l'attention du maréchal des logis; on s'apprêtait à sonner la retraite.

« Que diantre se passe-t-il donc là-haut? Quel diable de bruit font-ils? Il faut que j'aille voir. »

Le maréchal des logis monta, entra et vit des bouteilles vides par terre, les hommes dansant, criant, chantant à qui mieux mieux.

LE MARÉCHAL DES LOGIS.

Arrêtez! Arrêtez tous! Et tous à la salle de police!

ALCIDE.

Ce n'est pas toi qui m'y feras aller, face à claques, gros joufflu. Essaye donc de me faire bouger. Je suis bien ici : j'y reste.

LE MARÉCHAL DES LOGIS.

C'est ce que nous allons voir, ivrogne. Tu n'iras pas à la salle de police, mais au cachot. »

Le maréchal des logis voulut prendre Alcide au collet, mais celui-ci le repoussa.

LE MARÉCHAL DES LOGIS.

Fais attention! Un soldat qui porte la main sur son supérieur, c'est la mort! »

« A moi le poste! » cria le maréchal des logis. (Page 279.)

Et il fit encore un mouvement pour emmener Alcide.

ALCIDE.

Va te promener avec ta mort; je me moque pas mal d'une canaille comme toi. »

Et Alcide lui assena un coup de poing qui le fit chanceler.

« A moi, le poste ! s'écria le maréchal des logis.

— A moi, les amis ! A moi, Frédéric ! s'écria Alcide. Vas-tu laisser coffrer ton ami ? »

Frédéric, qui n'avait pas encore bougé, s'élança au secours d'Alcide, et, sans avoir conscience de ce qu'il faisait, lutta avec le maréchal des logis pour dégager son faux ami.

Le poste accourut.

« Ces deux hommes au cachot, dit le maréchal des logis. Les autres à la salle de police. »

Alcide cria, jura, se débattit, mais fut facilement terrassé et emmené. Frédéric se laissa prendre sans résistance ; l'instinct de la discipline militaire le fit machinalement obéir, mais malheureusement trop tard.

Quand les hommes du poste reconnurent Frédéric, ce fut une surprise et une consternation générales. Le maréchal des logis lui-même partagea cette impression : il ne l'avait pas reconnu avant l'arrivée du poste.

« Impossible de le sauver, pensa-t-il, maintenant que les hommes l'ont vu et l'ont emmené au cachot. Il faut que je fasse mon rapport. Je l'adoucirai de mon mieux. Mais comment s'est-il trouvé au milieu de ces ivrognes, faisant avec eux un tapage infernal, et ivre comme eux? C'est incroyable! Un si bon soldat! Jamais de consigne! Jamais à la salle de police!... Ils l'auront grisé! Pauvre garçon! Va-t-il avoir du chagrin demain, quand il aura cuvé son vin et qu'il se réveillera au cachot! »

Le maréchal des logis sortit triste et pensif; il alla faire son rapport au lieutenant de semaine. Le lieutenant au capitaine. Le soir même, le colonel fut informé de ce qui s'était passé.

« Pauvre garçon! s'écria-t-il. Mauvaise affaire! Impossible à arranger. Une lutte entre un soldat et son maréchal des logis. C'est la mort, ou tout au moins vingt ans de boulet. Pour l'autre, cela ne m'étonne pas. Un mauvais drôle! Toujours sur la liste de punitions! Ce matin même j'avais prévenu Bonard de se méfier de ces mauvais garnements. Et il m'avait promis de se séparer d'eux. Pauvre garçon! Et mon ami Georgey! Il va être bien peiné. Il me l'avait tant recommandé. »

Le soir même, la fatale nouvelle se répandit dans les deux escadrons. On ne parla pas d'autre chose dans toutes les chambrées. Chacun plaignit Frédéric; Alcide n'en fut que plus détesté, car on supposa avec raison que c'était lui qui avait fait boire Bonard et qui avait causé son malheur.

XXIV

LES PRISONNIERS

Frédéric, enfermé au cachot aux trois quarts ivre, ne comprenant pas encore sa position, se jeta sur la paille qui servait de lit aux prisonniers, et s'endormit profondément; il ne s'éveilla que le lendemain, quand le maréchal des logis vint le voir et l'interroger.

FRÉDÉRIC.

Ah! c'est vous, maréchal des logis! Je suis heureux de vous voir. Pourquoi donc suis-je au cachot? Qu'ai-je fait? Je ne me souviens de rien, sinon qu'ils m'ont fait boire tant de santés, y compris la vôtre, maréchal des logis, que ma tête est partie. J'ai peur d'avoir fait quelque sottise, car ce n'est pas pour des riens qu'un soldat se trouve au cachot.

— Pauvre garçon! dit le maréchal des logis en lui serrant la main. Pauvre Bonard! Si j'avais pu te reconnaître plus tôt, je t'aurais sauvé; mais le poste était arrivé, t'avait empoigné.... Il était trop tard.

FRÉDÉRIC.

Me sauver! Mon Dieu! Mais qu'ai-je donc fait, maréchal des logis? Dites-le-moi, je vous en supplie.

LE MARÉCHAL DES LOGIS.

Tu as porté la main sur moi. Tu as lutté contre moi!

FRÉDÉRIC.

Sur vous? Sur vous, maréchal des logis, que j'aime, que je respecte! Vous, mon supérieur! Mais c'est le déshonneur, la mort! »

Le maréchal des logis ne répondit pas.

FRÉDÉRIC, *se tordant les mains.*

Malheureux! malheureux! Qu'ai-je fait? La mort, plutôt que le déshonneur! Mon maréchal des logis, ayez pitié de moi, de mes pauvres parents! C'est pour eux, pas pour moi.... Et mon excellent colonel qui m'avait prévenu le matin que j'avais de mauvaises relations! Et moi qui voulais lui obéir, qui ne devais plus les voir! Ils m'ont demandé une dernière soirée, une soirée d'adieu. Et moi qui ne bois jamais, je me suis laissé entraîner par eux à boire des santés pour ceux que j'aime. Mon Dieu! mon Dieu! ayez pitié de moi, de mes pauvres parents!... Lever la main sur mon maréchal des logis!... mais c'est affreux, c'est horrible! J'étais donc fou! Oh! malheureux, malheureux! »

Le pauvre Frédéric tomba sur sa paille; il s'y roula en poussant des cris déchirants.

« Mon père, mon père! Il me maudira! Pauvre mère! Que va-t-elle devenir? Grâce, pitié. Tuez-moi, mon maréchal des logis; par grâce, tuez-moi!

LE MARÉCHAL DES LOGIS, *ému*.

Mon pauvre garçon, prends courage! On t'aime dans le régiment; c'est la première faute que tu commets; tu as été entraîné. Espère, mon ami. Le conseil de guerre sera composé d'amis. Ils t'acquitteront peut-être.

FRÉDÉRIC.

Vous cherchez à m'encourager, mon maréchal des logis. Vous êtes bon! Je vous remercie. Mais le code militaire? C'est la mort que j'ai méritée. Et avant la mort, la dégradation : la honte pour moi, pour les miens! Oh! mon Dieu!

LE MARÉCHAL DES LOGIS.

J'ai fait mon rapport le plus doux possible pour toi, mon ami. Pour Bourel, c'est autre chose.

FRÉDÉRIC.

Alcide? Il vous a touché?

LE MARÉCHAL DES LOGIS.

Touché! Tu es bien bon; repoussé, battu, il m'a appelé *canaille*, et il m'a asséné un coup de poing dans l'estomac qui a failli me jeter par terre. Celui-là, qui est un gredin, un mauvais soldat, je ne l'ai pas ménagé, j'ai dit toute la vérité. Il est sûr de son fait, lui : la mort sans rémission.

FRÉDÉRIC.

Alcide! La mort! Le malheureux! quel mal il m'a fait! il a toujours été mon mauvais génie, un Satan acharné à ma perte.

LE MARÉCHAL DES LOGIS.

Au revoir, mon pauvre Bonard. Quand tu seras plus calme, je reviendrai avec le lieutenant pour savoir le détail de ce qui s'est passé avant mon arrivée. Espère, mon ami, ne te laisse pas abattre. Les officiers auront égard à ta bonne conduite, à ta bravoure. Le colonel, le premier, fera ce qu'il pourra pour toi.

FRÉDÉRIC.

Merci, mon maréchal des logis; merci du fond du cœur. »

En sortant de chez Bonard, le maréchal des logis entra dans le cachot d'Alcide.

« Que voulez-vous? dit ce dernier d'un ton brusque.

LE MARÉCHAL DES LOGIS.

Je veux voir si tu as regret de ta conduite d'hier. Le repentir pourrait améliorer ta position et disposer à l'indulgence.

ALCIDE, *d'un ton bourru.*

Me prenez-vous pour un imbécile? Est-ce que je ne connais pas le code militaire? Croyez-vous que je ne sache pas que je serai fusillé? Ça m'est bien égal. Pour la vie que je mène dans votre sale régiment, j'aime mieux mourir que traîner le boulet. Chargez-moi, inventez, mentez, je me moque de tout et de tous.

LE MARÉCHAL DES LOGIS.

Je vous engage à changer de langage, si vous voulez obtenir un jugement favorable.

ALCIDE.

Je ne changerai rien du tout: je sais que je dois

crever un jour ou l'autre. J'aime mieux une balle dans la tête que le choléra ou le typhus qu'on attrape dans vos méchantes casernes. Laissez-moi tranquille et envoyez-moi à manger; j'ai faim. »

Le maréchal des logis lui jeta un regard de mépris et le quitta.

« J'ai faim! » répéta Alcide avec colère pendant que le maréchal des logis sortait.

« Qu'on porte à manger à ces hommes. Du pain et de l'eau à celui-ci. Du pain et de la soupe à Bonard », dit le maréchal des logis au soldat qui l'accompagnait.

Il ajouta :

« Quel gueux que ce Bourel! »

Dans la journée, le colonel voulut aller lui-même avec le lieutenant voir et interroger Frédéric. Ils le trouvèrent assis sur son lit et pleurant.

Le colonel, ému, s'approcha. Frédéric releva la tête, et, en reconnaissant son colonel, il se leva promptement.

FRÉDÉRIC.

Oh! mon colonel, quelle bonté!

LE COLONEL.

J'ai voulu t'interroger moi-même, mon pauvre garçon, pour pouvoir comprendre comment un bon et brave soldat comme toi a pu se mettre dans la triste position où je te trouve. Le maréchal des logis m'a raconté ce qui s'est passé pendant sa visite de ce matin. Sois sûr que si nous pouvons te tirer de là, nous en serons tous très heureux. Explique-moi comment, après ma recommandation et ta promesse, tu t'es encore réuni à ces mauvais sujets, et comment tu as partagé leur ivresse.

Frédéric lui raconta en détail ce qui s'était passé entre lui et ses camarades, et comment il avait perdu la tête à la fin de l'orgie, au point de n'avoir conservé aucun souvenir de la scène avec le maréchal des logis.

LE COLONEL.

C'est fâcheux, très fâcheux ! Je ne puis rien te promettre ; mais tes antécédents te vaudront l'indulgence du conseil, et tu peux compter sur moi pour le jugement le plus favorable.

FRÉDÉRIC.

Que Dieu vous bénisse, mon colonel. Au lieu de reproches, et de paroles sévères, je reçois de vous des paroles d'encouragement et d'indulgence. Oui, que le bon Dieu vous bénisse, vous et les vôtres, et qu'il ne vous fasse jamais éprouver les terreurs de la mort déshonorante dont je suis menacé par ma faute. »

Le colonel, ému, tendit la main à Frédéric, qui la baisa avec effusion. La porte du cachot se referma, et il se retrouva seul, livré à ses réflexions.

Quand on vint le soir lui apporter son dîner, il demanda au soldat s'il pouvait recevoir la visite de l'aumônier de la garnison.

« J'en parlerai au maréchal des logis, qui t'aura la permission, bien sûr. Jamais on ne la refuse à ceux qui la demandent », répondit le soldat.

Le soir même, en effet, l'aumônier vint visiter le pauvre prisonnier ; ce fut une grande consolation pour Frédéric, qui lui ouvrit son cœur en lui ra-

Le colonel, ému, tendit la main à Frédéric.

contant ses torts passés, sa position vis-à-vis de son père, etc. Il lui découvrit, sans rien dissimuler, son désespoir par rapport à ses parents, sa rancune, haineuse par moments, contre Alcide, auteur de tous ses maux. Le bon prêtre le consola, le remonta et le laissa dans une disposition d'esprit bien plus douce, plus résignée. Quant à Alcide, il conserva tous ses mauvais sentiments.

« Je n'ai qu'un regret, disait-il, c'est que Frédéric n'ait pas donné une rossée soignée à ce brigand de maréchal des logis; il eût été certainement condamné à mort comme moi, ce qui reste incertain pour lui, puisqu'il a seulement lutté contre ce gueux. »

XXV

VISITE AGRÉABLE

Huit ou dix jours après cet événement, le colonel, seul dans sa chambre, lisait attentivement les interrogatoires des accusés et toutes les pièces du procès. Il vit avec surprise qu'Alcide accusait Frédéric de deux vols graves commis au préjudice de M. Georgey et d'un pauvre orphelin reçu par charité chez Bonard père. Il lut avec un chagrin réel le demi-aveu de Frédéric, qui en rejetait la faute sur Alcide. Il ne pouvait comprendre que ces vols n'eussent pas été poursuivis par les tribunaux; il comprenait bien moins encore qu'un garçon capable de deux actions aussi lâches que criminelles fût devenu ce qu'était Frédéric depuis son entrée au régiment, l'exemple de tous ses camarades.

« Comment Georgey a-t-il pu s'attacher à un voleur et me le recommander en termes aussi vifs et aussi affectueux? »

Pendant qu'il se livrait à ces réflexions, il entendit un débat à la porte d'entrée entre sa sentinelle et une personne qui voulait pénétrer de force dans la maison. Il écouta....

« Dieu me pardonne, s'écria-t-il, c'est Georgey! Je reconnais son accent. Il veut forcer la consigne. Il faut que j'y aille, car ma sentinelle serait capable de lui passer sa baïonnette au travers du corps pour maintenir la consigne. »

Le colonel se leva précipitamment, ouvrit la porte et descendit. M. Georgey voulait entrer de force, et la sentinelle lui présentait la pointe de la baïonnette au moment où le colonel parut.

« Georgey!... s'écria-t-il. Sentinelle, laisse passer. »

Le soldat releva son fusil et présenta arme.

LE COLONEL.

Entrez, entrez, mon ami.

M. GEORGEY.

Une minoute, s'il vous plaisait. Soldat, vous avoir bien fait; moi j'étais une imbécile, et vous étais bon soldat français. Voilà. Et voilà un petit récompense. »

M. Georgey lui présenta une pièce de vingt francs. Le soldat ne bougea pas; il restait au port d'armes.

M. GEORGEY.

Quoi vous avez, soldat français. Pourquoi vous pas tendre lé main?

Le soldat restait au port d'armes.

— Arme à terre! commanda le colonel. Tends la main et prends. »

Le soldat porta la main à son képi, la tendit à M. Georgey en souriant et reçut la pièce d'or.

Le colonel riait de la surprise de M. Georgey.

« Entrez, entrez, mon cher Georgey; c'est la consigne que j'avais donnée qui vous retenait à la porte.

M. GEORGEY.

Bonjour, *my dear* colonel. Bonjour. J'étais heureuse de voir vous. Lé pauvre soldat français, il comprenait rien; jé parlais, il parlait; c'était lé même chose. Jé pouvais pas vous voir.

LE COLONEL.

Vous voici entré, mon ami; je vous attendais, votre chambre est prête. Voulez-vous prendre quelque chose en attendant le dîner?

M. GEORGEY.

No, *my dear*. J'avais l'estomac rempli et j'avais apporté à vous des choses délicieux. Pâtés de gros foies, pâtés de *partridge* (perdrix) très truffés, pâtés de saumon délicieux; turkeys grosses, grosses et truffées dans l'estomac; oisons chauffés dans lé graisse dans des poteries; c'est admirable. »

Le colonel riait de plus en plus à mesure que M. Georgey énumérait ses succulents présents.

LE COLONEL.

Je vois; mon cher, que vous êtes toujours le même; vous n'oubliez pas les bonnes choses, non plus que vous n'oubliez jamais vos amis.

M. GEORGEY.

No, *my dear*, jamais. J'avais aussi porté une

bonne chose à Fridric; un langue fourré, truffé, fumé; un fromage gros dé soixante livres; c'était très excellent pour lui, salé, fourré, fumé. Lui manger longtemps. »

Le colonel ne riait plus.

« Hélas! mon cher Georgey, votre pauvre Frédéric m'inquiète beaucoup. Je m'occupais de lui quand vous êtes entré.

M. GEORGEY.

Quoi il avait? Pourquoi vous disez povre Fridric? Lui malade?

LE COLONEL.

Non, il est au cachot depuis dix jours.

M. GEORGEY.

Fridric au cachot? Pour quelle chose vous mettre au cachot lé Fridric, soldat français?

LE COLONEL.

Une mauvaise affaire pour ce pauvre garçon. Il s'est laissé entraîner à s'enivrer par un mauvais drôle de son pays, nommé Alcide Bourel.

M. GEORGEY.

Alcide! *my goodness!* Cé coquine abominable, cé gueuse horrible! il poursuivait partout lé povre Fridric?

LE COLONEL.

Ils étaient six, ils ont fait un train d'enfer; le maréchal des logis y est allé, Alcide l'a injurié, frappé; Frédéric a lutté contre le maréchal des logis pour dégager Alcide. Le poste est arrivé; tous deux ont été mis au cachot, où ils attendent leur jugement.

M. GEORGEY.

Oh! *my goodness!* Lé povre Fridric! Lé povre

Mme Bonarde! Fridric morte ou déshonorable, c'était lé même chose.... Et lé Master Bonarde! il avait un frayeur si terrible du déshonoration!... Colonel, vous étais un ami à moi. Vous me donner Fridric et pas faire de jugement.

LE COLONEL.

Ah! si je le pouvais, mon ami, j'aurais étouffé l'affaire. Mais Alcide est arrêté aussi; les autres ivrognes sont à la salle de police. Le poste les a tous vus; il a dégagé le maréchal des logis, qu'Alcide assommait à coups de poing. »

Ils causèrent longtemps encore, M. Georgey cherchant les moyens de sauver Frédéric, le colonel lui en démontrant l'impossibilité. Quand il parla à son ami de l'accusation de vol portée par Alcide contre Frédéric, M. Georgey sauta de dessus sa chaise, entra dans une colère épouvantable contre Alcide. Lorsque son emportement se fut apaisé, le colonel l'interrogea sur cette accusation d'Alcide. M. Georgey raconta tout et n'oublia pas le repentir, la maladie, la profonde tristesse de Frédéric et son changement total.

Le colonel remercia beaucoup M. Georgey de tous ces détails, et lui promit d'en faire usage dans le cours du procès.

M. GEORGEY.

Jé ferai aussi usage; jé voulais parler pour Fridric! Jé voulais plaidoyer pour cette povre misérable.

LE COLONEL, *souriant*.

Vous? Mais, mon cher, vous ne parlez pas assez couramment notre langue pour plaider? Il aura un avocat.

M. GEORGEY.

Lui avoir dix avocats, ça fait rien à moi. Vous pouvez pas défendre moi parler pour une malheureuse créature très fort insultée. L'Alcide était une scélérate; et moi voulais dire elle était une scélérate, une menteur, une voleur et autres choses.

LE COLONEL.

Parlez tant que vous voudrez, mon cher, si Frédéric y consent; seulement je crains que vous ne lui fassiez tort en voulant lui faire du bien.

M. GEORGEY.

No, no, jé savais quoi jé disais; j'étais pas une imbécile; jé dirai bien. »

L'heure du dîner arrêta la conversation. M. Georgey mangea comme quatre, et remit au lendemain sa visite au prisonnier.

Frédéric végétait tristement dans son cachot. Ses camarades profitaient pourtant de l'amitié que lui témoignaient les officiers et le maréchal des logis pour lui envoyer toutes les douceurs que peuvent se procurer de pauvres soldats en garnison en Algérie; son morceau de viande était plus gros que le leur; sa gamelle de soupe était plus pleine, sa ration de café un peu plus sucrée. On lui envoyait quelques livres; la cantinière soignait davantage son linge; sa paillasse était plus épaisse; tout ce qu'on pouvait imaginer pour adoucir sa position était fait. Frédéric le voyait avec reconnaissance et plaisir; il en remerciait ses camarades et ses chefs. L'aumônier venait le voir aussi souvent que le lui permettaient ses nombreuses occupations; chacune de ses visites calmait l'agitation du malheureux prisonnier.

Un matin, lendemain de l'arrivée de M. Georgey, la porte du cachot s'ouvrit, et Frédéric vit entrer l'excellent Anglais suivi d'un soldat qui apportait un panier rempli de provisions. Frédéric ne put retenir un cri de joie; il s'élança vers M. Georgey, et, par un mouvement machinal, irréfléchi, il se jeta dans ses bras et le serra contre son cœur.

M. GEORGEY.

Povre Fridric! J'étais si chagrine, si fâché! Jé savais rien hier. Jé savais tout lé soir ; lé colonel avait tout raconté à moi. Jé avais apporté un consolation pour l'estomac ; et lé scélérate Alcide avoir rien du tout, pas une pièce. »

Frédéric, trop ému pour parler, lui serrait les mains, le regardait avec des yeux humides et reconnaissants.

M. Georgey profita du silence de Frédéric pour exhaler son indignation contre Alcide, son espoir de le voir *fusillé en pièces*.

« Jé apportais à vous des nouvelles excellentes de Mme Bonarde, de M. Bonarde, dé pétite Juliène. »

Frédéric tressaillit et pâlit visiblement. M. Georgey, qui l'observait, rentra sa main dans sa poche ; il avait apporté des lettres du père et de la mère. M. Georgey savait ce qu'elles contenaient; Bonard remerciait son fils d'avoir honoré son nom; il racontait les propos des gens du pays, les compliments qu'on lui adressait, son bonheur en apprenant que son fils avait été mis deux fois à l'ordre du jour ; et d'autres choses de ce genre qui eussent été autant de coups de poignard pour le malheureux Frédéric. La lettre de Mme Bonard, beaucoup plus tendre, était pourtant dans les mêmes sentiments d'orgueil maternel.

« Si lé povre infortuné était justifié, se dit M. Georgey, jé remettrai après. Si la condamnation sé faisait, jé brûlerai. »

Ils restèrent quelques instants sans parler. Frédéric cherchait à contenir son émotion et à dissimuler sa honte; M. Georgey cherchait les moyens de le faire penser à autre chose. Enfin, il trouva.

« J'avais vu lé colonel ; il m'avait dit c'était pas grand'chose pour toi. Lé maréchal des logis dira c'était rien, c'était lui qui avait poussé ; toi avais poussé Alcide seulement; toi étais excellente créature et lé autres t'aiment tous. Et lé jugement être excellent. »

Frédéric le regarda avec surprise.

FRÉDÉRIC.

J'ai pourtant entendu la lecture de l'acte d'accusation qui dit que j'ai lutté contre le maréchal des logis.

M. GEORGEY.

Quoi c'est lutter ? Ce n'était rien du tout. Ce n'était pas taper.

FRÉDÉRIC.

Que Dieu vous entende, Monsieur! Je vous remercie de votre bonne intention.

M. GEORGEY.

Tiens, Fridric, voilà une grosse panier; il y

Frédéric serra M. Georgey contre son cœur. (Page 299.)

avait bonnes choses pour manger. Tu avais curiosité? Tu volais voir? jé savais. Voilà. »

M. Georgey retira trois langues fourrées et fumées.

« Une, ail. Une, truffes. Une, pistaches; tout trois admirables. Une pâté, une jambon. »

Il posa le tout sur la paillasse. Frédéric sourit il était touché de la bonté avec laquelle cet excellent homme cherchait à le consoler. Il prit un air satisfait et le remercia vivement d'avoir si bien trouvé des distractions à son chagrin. M. Georgey fut enchanté, lui raconta beaucoup d'histoires du pays, de la ferme, de Julien, et il laissa Frédéric réellement remonté et content de toutes ces nouvelles du pays.

XXVI

CONSEIL DE GUERRE

Peu de jours après, le conseil de guerre s'assembla pour juger Alcide et Frédéric. Frédéric fut amené et placé entre deux chasseurs. Il était d'une pâleur mortelle; ses yeux étaient gonflés de larmes qu'il avait versées toute la nuit. Sa physionomie indiquait l'angoisse, la honte et la douleur.

Alcide fut placé à côté de lui. Son air effronté, son regard faux et méchant, son sourire forcé contrastaient avec l'attitude humble et triste de son compagnon.

On lut les pièces nécessaires, l'acte d'accusation, les dépositions, les interrogatoires, et on appela le maréchal des logis pour déposer devant le tribunal. Il accusa très énergiquement Alcide, et il parla de Frédéric en termes très modérés.

LE PRÉSIDENT.

Mais avez-vous été touché par Bonard?

LE MARÉCHAL DES LOGIS.

Touché pour se défendre, oui, mais pas pour attaquer.

LE PRÉSIDENT.

Comment cela? Expliquez-vous.

LE MARÉCHAL DES LOGIS.

C'est-à-dire que lorsque Bourel l'a appelé, il est arrivé, mais en chancelant, parce que le vin lui avait ôté de la solidité. Quand il a approché, je l'ai poussé, il a voulu s'appuyer sur Bourel, et il s'est trompé de bras et de poitrine, je suppose, car c'est sur moi qu'il a chancelé. Je l'ai encore repoussé; il est revenu tomber sa tête sur mon épaule. Puis le poste est accouru; on les a empoignés tous les deux; mais il y a une différence entre pousser et s'appuyer.

— C'est bien; vous pouvez vous retirer », dit le président en souriant légèrement.

Le maréchal des logis se retira en s'essuyant le front; la sueur inondait son visage. Frédéric lui jeta un regard reconnaissant.

Les hommes du poste déposèrent dans le même sens sur ce qu'ils avaient pu voir.

Quand les témoins furent entendus, on interrogea Alcide.

LE PRÉSIDENT.

Vous avez appelé le maréchal des logis face à claques, gros joufflu, *canaille* ?

ALCIDE.

C'est la vérité; ça m'a échappé.

LE PRÉSIDENT.

Vous l'avez poussé ?

ALCIDE.

Je l'ai poussé et je m'en vante : il n'avait pas le droit de me prendre au collet.

LE PRÉSIDENT.

Il en avait parfaitement le droit, du moment que vous lui résistiez et que vous étiez ivre. Mais, de plus, vous lui avez donné un coup de poing.

ALCIDE.

Il n'était pas bien vigoureux. Je n'avais pas toute ma force. Le vin, vous savez, cela vous casse bras et jambes.

LE PRÉSIDENT.

Vous avez appelé vos camarades à votre secours, et spécialement Frédéric Bonard ? Pourquoi appeliez-vous, si vous n'aviez pas l'intention de lutter contre votre maréchal des logis ?

ALCIDE.

Je ne voulais pas me laisser frapper; l'uniforme français doit être respecté.

LE PRÉSIDENT.

Est-ce par respect pour l'uniforme que vous frappiez votre supérieur ?

ALCIDE.

Si je l'ai un peu bousculé, Bonard en a fait autant.

LE PRÉSIDENT.

Il ne s'agit pas de Bonard, mais de vous.

ALCIDE.

Si je parle de lui, c'est que je n'ignore pas qu'on veut tout faire retomber sur moi pour excuser Bonard.

LE PRÉSIDENT.

Je vous répète qu'il n'est pas question de Bonard dans les demandes que je vous adresse, mais de vous seul. De votre propre aveu, vous avez donné un coup de poing à votre chef, vous l'avez traité de *canaille*, et vous avez appelé vos amis dans l'intention évidente de vous délivrer par la force. Avez-vous quelque chose à dire pour votre excuse?

ALCIDE.

Quand j'aurais à dire, à quoi cela me servirait-il, puisque vous êtes tous décidés d'avance à me faire fusiller et à acquitter Bonard qui est un hypocrite, un voleur?... C'est un jugement pour rire, ça.

LE PRÉSIDENT.

Taisez-vous; vous ne devez pas insulter vos juges ni accuser un camarade. Je vous préviens que vous rendez votre affaire plus mauvaise encore....

ALCIDE.

Ça m'est bien égal, si je parviens à faire condamner ce gueux de Bonard, ce voleur, ce.... »

M. Georgey se lève avec impétuosité et s'écrie :

« Jé demandais lé parole.

LE PRÉSIDENT.

Vous aurez la parole, Monsieur, quand nous en serons à la défense. Veuillez vous asseoir. »

M. Georgey se rassoit en disant :

« Jé demandais excus; cé coquine d'Alcide m'avait mis en fureur. »

Alcide se démène, montre le poing à M. Georgey en criant ·

« Vous êtes un menteur ! c'est une ligue contre moi !

LE PRÉSIDENT.

Reconduisez le prisonnier à son banc. »

Deux soldats emmènent Alcide, qui se débat et qu'on parvient difficilement à calmer.

LE PRÉSIDENT.

Bonard, c'est avec regret que nous vous voyons sur le banc des accusés ; votre conduite a toujours été exemplaire. Dites-nous quel a été le motif de votre lutte contre votre maréchal des logis.

FRÉDÉRIC, *d'une voix tremblante.*

Mon colonel, j'ai eu le malheur de commettre une grande faute ; je me suis laissé entraîner à boire, à m'enivrer. Je me suis trouvé, je ne puis expliquer comment, dans l'état de dégradation qui m'amène devant votre justice. Je n'ai aucun souvenir de ce qui s'est passé entre moi et mon maréchal des logis. Je me fie entièrement à lui pour vous faire connaître l'étendue de ma faute ; je l'aime, je le respecte, et depuis quinze jours j'expie, par mon repentir et par mes larmes, le malheur de lui avoir manqué.

LE PRÉSIDENT.

Ne vous souvenez-vous pas d'avoir été appelé par Bourel pour le défendre contre le maréchal des logis ?

FRÉDÉRIC.

Non, mon colonel.

LE PRÉSIDENT.

Vous ne vous souvenez pas d'avoir engagé une lutte contre le maréchal des logis ?

FRÉDÉRIC.

Non, mon colonel.

LE PRÉSIDENT.

Allez vous asseoir. »

Frédéric, pâle et défait, retourne à sa place. On appelle les témoins; ils atténuent de leur mieux la part de Frédéric dans la lutte.

Les camarades d'Alcide avouent le complot imaginé par lui, les moyens de flatteries et d'hypocrisie qu'ils avaient employés, l'achat des vins et liqueurs pour enivrer plus sûrement leur victime; le projet de vol, que leur propre ivresse et l'arrivée du maréchal des logis les avaient empêchés de mettre à exécution. Les interruptions et les emportements d'Alcide excitent l'indignation de l'auditoire.

Après l'audition des témoins, les avocats prennent la parole; celui d'Alcide invoque en faveur de son client l'ivresse, l'entraînement; il promet un changement complet si les juges veulent bien user d'indulgence et lui accorder la vie.

L'avocat de Frédéric rappelle ses bons précédents, son exactitude au service, sa bravoure dans les combats, les qualités qui l'ont fait aimer de ses chefs et de ses camarades; il le recommande instamment à la bienveillance de ses chefs, tant pour lui que pour ses parents, que le déshonneur de leur fils atteindrait mortellement. Il plaide son innocence; il prouve que Frédéric a été victime d'un complot tramé par Bourel pour se rendre maître de l'argent que possédait Bonard et le perdre dans l'esprit de ses chefs. Il annonce que M. Georgey, ami de Frédéric, se chargeait d'expliquer l'indigne accusation de vol lancée par Alcide Bourel.

M. Georgey monte à la tribune des avocats. Il salue l'assemblée et commence :

« Honorbles sirs, jé pouvais pas empêcher une indignation dé mon cœur quand cé Alcide malhonnête avait accusé lé povre Fridric comme une voleur. Jé savais tout, jé voyais tout ; c'était Alcide lé voleur. Fridric était une imprudente, une bonne créature ; il avait suivi lé malhonnête ami ; il croyait vrai ami, bone ami ; il savait rien des voleries horribles dé l'ami ; Fridric comprenait pas très bien quoi il voulait faire lé malhonnête ; et quand il comprenait, quand il disait : *Jé voulais pas*, c'était trop tardivement ; Alcide avait volé moi.... Et Fridric voulait pas dire : *C'était lui, prenez-lé pour la prison*. Et quand lé bons gendarmes français avaient arrêté le malhonnête Alcide, cette gueuse avait coulé dans lé poche de lé povre Fridric montre, chaîne, or et tout. Quand j'étais arrivé, jé comprenais, jé savais. J'avais dit, pour sauver Fridric, c'était moi qui avais donné montre, or, chaîne. Lé gendarmes français avaient dit : « C'était bon ; il y avait pas dé voleur. » Et j'avais emmené les deux garçons ; et j'avais foudroyé Alcide et j'avais chassé lui. Et Fridric était presque tout à fait morte dé désolation du arrêtement des gendarmes. Et lé père infortuné et lé mère malheureuse étaient presque morte de l'honneur perdu une minute. Voilà pourquoi Fridric il était soldat. Et vous avez lé capacité de voir il était bon soldat, brave soldat, soldat français dans lé généreuse, brave régiment cent et deux. Et si cette scélérate Alcide avait réussi au déshonorement, à la mort du povre Fridric, lui contente, lui enchanté, lui heureuse. Et les povres Master Bonarde, Madme Bonarde, ils étaient mortes ou imbéciles du grand, terrible désolation. Quoi il a fait, lé povre accusé? Rien du tout. Maréchal des logis disait : « Rien du tout ». Seulement tomber à l'épaule du brave, honorble maréchal des logis français. Et pourquoi Fridric tomber sur l'épaule? Par la chose qué lé grédine Alcide avait fait ivre lé malheureuse, avec du vin abomin'ble, horrible. C'était un acte de grande scélérate, donner du vin horrible. Et lé povre malheureuse il était dans un si grand repentement, dans un si grand chagrinement! (*Montrant Frédéric et se retournant vers lui.*) Voyez, lui pleurer! Povre garçon, toi pleurer pour ton honneur, pour tes malheureux parents! Toi, brave comme un lion terrible, toi, courageuse et forte toujours, partout; toi, à présent, abattu, humilié, honteuse! Tes povres yeux, allumés comme lé soleil en face des ennemis,... tristes, abaissés, ternis.... Pover Fridric! Rassure ton povre cœur; tes chefs ils étaient justes; ils étaient bons; ils savaient tu étais une honneur du brave régiment; ils savaient tu voulais pas faire mal; ils savaient ta désolation. Eux t'ouvrir les portes du tombeau. Eux te dire : Sors, Lazare! Prends la vie et l'honneur. Tu croyais être morte à l'honneur. Nous té rendons la vie avec l'honneur. Va combattre encore et toujours pour les gloires dé notre belle France. Va gagner la croix dé l'honneur. Va crier à l'ennemi : Dieu et la France! »

Un murmure d'approbation se fit entendre lors-

« Honorbles sirs. » (Page 311.)

que M. Georgey descendit de la tribune. Frédéric se jeta dans ses bras. M. Georgey l'y retint quelques instants. Le conseil se retira pour délibérer sur le sort des deux accusés; l'attente ne fut pas longue.

Quand il rentra dans la salle :

« Frédéric Bonard, dit le président, le tribunal, usant d'indulgence à votre égard, en raison de votre excellente conduite et de vos antécédents; eu égard à votre sincère repentir, vous acquitte pleinement, à l'unanimité, et vous renvoie de la plainte. »

Frédéric se leva d'un bond, tendit les bras vers le colonel. Son visage, d'une pâleur mortelle, devint pourpre et il tomba par terre comme une masse.

M. Georgey s'élança vers lui; une douzaine de personnes lui vinrent en aide, et on emporta Frédéric, que la joie avait failli tuer. Il ne tarda pas à revenir à la vie; un flot de larmes le soulagea, et il put témoigner à M. Georgey une reconnaissance d'autant plus vive qu'il avait craint ne pouvoir éviter au moins cinq ans de fer ou de boulet.

Quand le tumulte causé par la chute de Frédéric fut calmé, le président continua :

« Alcide Bourel, le tribunal, ne pouvant user d'indulgence à votre égard en raison de la gravité de votre infraction à la discipline militaire, et conformément à l'article ... du code pénal militaire, vous condamne à la dégradation suivie de la peine de mort. »

Un silence solennel suivit la lecture de cette

sentence. Il fut interrompu par Alcide, qui s'écria, en montrant le poing au tribunal :

« Canailles! je n'ai plus rien à ménager ; je puis vous dire à tous que je vous hais, que je vous méprise, que vous êtes un tas de gueux....

— Qu'on l'emmène, dit le colonel. Condamné, vous avez trois jours pour l'appel en revision ou pour implorer la clémence impériale.

ALCIDE, *vociférant*.

Je ne veux en appeler à personne ; je veux mourir ; j'aime mieux la mort que la vie que je mènerais dans vos bagnes ou dans vos compagnies disciplinaires. »

En disant ces mots, Alcide s'élança sur le maréchal des logis, et, avant que celui-ci ait pu se reconnaître, il le terrassa en lui assenant des coups de poing sur le visage. Les gendarmes se précipitèrent sur Alcide et relevèrent le maréchal des logis couvert de sang. Quand le tumulte causé par cette scène fut calmé, on fit sortir Alcide. Le colonel ordonna qu'il fût mis aux fers.

Les officiers qui composaient le tribunal allèrent tous savoir des nouvelles de Frédéric. La scène qui suivit fut touchante ; Frédéric, hors de lui, ne savait comment exprimer sa vive reconnaissance.

LE COLONEL.

Remets-toi, mon brave garçon, remets-toi ; nous avons fait notre devoir ; il faut que tu fasses le tien maintenant. Bientôt, sous peu de jours peut-être, nous aurons un corps d'Arabes sur les bras. Bats-toi comme tu l'as fait jusqu'ici ; gagne tes galons

Un flot de larmes soulagea Frédéric. (Page 315.)

de brigadier, puis de maréchal des logis, en attendant l'épaulette et la croix. »

Tout le monde se retira, laissant avec Frédéric M. Georgey, qui avait reçu force compliments, et qui put se dire qu'il avait contribué à l'acquittement de son protégé.

Quand M. Georgey et Frédéric apprirent la nouvelle violence d'Alcide, le premier se frotta les mains en disant :

« Jé savais. C'était une hanimal féroce, horrible. Lui tué par une fusillement ; c'était très bon. »

Frédéric, inquiet de son maréchal des logis, alla savoir de ses nouvelles ; il le trouva revenu de son étourdissement et soulagé par la quantité de sang qu'il avait perdu par suite des coups de poing d'Alcide.

Pendant que Frédéric était au cachot, il avait à peine touché aux provisions de M. Georgey ; il proposa à sa chambrée de s'en régaler repas du soir.

« Mais pas de vin, dit-il. Un petit verre en finissant ; voilà tout. J'ai juré de ne jamais boire, ni faire boire plus d'un verre à chaque repas. »

Les camarades applaudirent à sa résolution, et le repas du soir n'en fut que plus gai ; les provisions de M. Georgey eurent un succès prodigieux ; Frédéric fut obligé de les retirer pour empêcher les accidents.

« Nous serons bien heureux, dit-il, de les retrouver demain, mes amis.

LES CAMARADES.

Au fait, ton acquittement vaut bien deux jours de fête.

FRÉDÉRIC.

Tous les jours de ma vie seront des jours de fête et d'actions de grâce au bon Dieu et à mes excellents chefs.

LE BRIGADIER.

Notre bon aumônier était-il content! Comme il remerciait le colonel et les autres officiers qui t'ont jugé!

UN CAMARADE.

Et ce gueux d'Alcide a-t-il crié, juré! Quelle canaille!

FRÉDÉRIC.

Prions pour lui, mes bons amis; j'ai demandé à M. l'aumônier une messe pour la conversion de ce malheureux. Puisse-t-il se repentir et mourir en paix avec sa conscience! »

XXVII

BATAILLE ET VICTOIRE

Le colonel avait prévu juste. Trois jours après le jugement, un signal d'alarme réveilla le régiment au milieu de la nuit. Un avant-poste annonça qu'un flot d'Arabes approchait; en peu d'instants les deux escadrons furent sur pied et en rang; les Arabes débusquaient sans bruit d'un défilé dans lequel le colonel ne voulut pas s'engager, sachant que l'ennemi couronnait les crêtes. Ils croyaient surprendre la place; mais ce furent eux qui se trouvèrent surpris et enveloppés avant d'avoir pu se reconnaître. On en fit un massacre épouvantable; on y fit des prodiges de valeur. Le colonel s'étant trouvé un instant entouré seul par un groupe d'Arabes, Frédéric accourut et sabra si bien de droite et de gauche qu'il réussit à le dégager, à blesser grièvement et à faire prisonnier le chef de ce groupe. Dans un autre moment, il vit son maréchal des logis acculé contre un rocher par six Arabes contre lesquels il se défendait avec bravoure. Frédéric tomba sur eux à coups de sabre, en étendit trois sur le carreau, blessa et mit en fuite le reste, et emporta le maréchal des logis, qui était blessé à la jambe et ne pouvait marcher. Le lendemain, il fut encore mis à l'ordre du jour et il reçut les galons de brigadier.

M. Georgey triomphait des succès de son protégé et dit au colonel après la bataille :

« J'avais toujours regardé dans une lunette d'approche. J'avais vu tout dé sur mon toit.

LE COLONEL.

Comment? Où étiez-vous donc?

M. GEORGEY.

J'avais monté bien haut sur lé toiture. Jé voyais très bien. C'était très joli en vérité. Fridric venait, allait, courait, tapait par tous les côtés. C'était un joli battement. Moi avais jamais vu batailler. C'était beau les soldats français. C'était comme un régiment dé lions. J'aimais cette chose. Jé disais bravo les lions! »

L'exécution d'Alcide eut lieu huit jours après ce combat. Il mourut en mauvais sujet et en mauvais soldat, comme il avait vécu. Il refusa d'écouter l'aumônier. Ses dernières paroles furent des injures contre ses chefs et contre Frédéric. Personne ne le regretta au régiment.

M. Georgey resta deux mois avec le colonel, puis

« J'avais toujours regardé dans une lunette d'approche. »

il alla près d'Alger pour établir des fabriques. Il y réussit très bien; deux ans après il alla passer quelque temps à Alger.

XXVIII

LE RETOUR

Un jour qu'il visitait un des hôpitaux français, en traversant une des salles, il s'entendit appeler; il approcha du lit et reconnut Frédéric; mais ce n'était que l'ombre du vigoureux soldat qu'il avait quitté deux ans auparavant. Maigre, pâle, affaibli, Frédéric pouvait à peine parler. Il saisit la main de son ancien défenseur et la serra dans les siennes.

M. GEORGEY.

Quoi tu avais, malheureuse? Toi étais ici dans l'hôpital?

FRÉDÉRIC.

J'y suis depuis trois mois, Monsieur; je suis bien malade de la fièvre, qui ne veut pas me quitter. Si je pouvais changer d'air, retourner au pays, il me semble que je guérirais bien vite.

M. GEORGEY.

Il fallait, mon brave Fridric ; il fallait.

FRÉDÉRIC.

Mais je ne peux pas, Monsieur ; c'est difficile à obtenir, et je ne connais personne qui puisse faire les démarches nécessaires.

M. GEORGEY.

Et lé brave colonel ?

FRÉDÉRIC.

Le régiment a été envoyé à Napoléonville, Monsieur. J'en suis bien loin.

M. GEORGEY.

Et quoi tu es ? brigadier toujours ?

FRÉDÉRIC.

Non, Monsieur, je suis maréchal des logis et porté pour la croix ; mais je crains bien de ne jamais la porter.

M. GEORGEY.

La croix ! Maréchal des logis ! C'était joli ! très joli ! Maréchal des logis et la croix à vingt et un ans ! Jé démandais pour toi ; jé obtiendrai ; jé t'emmener avec moi ! Jé té mener à Madme Bonarde. »

Frédéric lui serra les mains ; son visage rayonna de bonheur. Il le remercia chaudement.

Huit jours après, M. Georgey lui apportait un congé d'un an. Il s'occupa ensuite du passage sur un bon bâtiment et des provisions nécessaires pour le voyage. Quinze jours plus tard, M. Georgey et

Frédéric débarquaient à Toulon. Ils n'y restèrent que vingt-quatre heures, pour y prendre quelque repos. Frédéric écrivit à sa mère pour lui annoncer son arrivée avec M. Georgey.

Trois jours plus tard, ils entraient dans la ferme des Bonard. L'entrevue fut émouvante. Mme Bonard ne pouvait se lasser d'embrasser, d'admirer son fils et de remercier M. Georgey. Le père ne se lassait pas de regarder ses galons de maréchal des logis. Julien était tellement embelli et fortifié qu'il était à peine reconnaissable. Frédéric fut beaucoup admiré; il avait grandi d'une demi-tête; il avait pris de la carrure; ses larges épaules, son teint basané, ses longues moustaches lui donnaient un air martial que Julien enviait.

« Et moi qui suis resté de si chétive apparence! dit Julien en tournant autour de Frédéric.

FRÉDÉRIC.

Tu te crois chétif? Mais tu es grandi à ne pas te reconnaître. Pense donc que tu n'as que dix-sept ans. Tu es grand et fort pour ton âge.

BONARD.

Le fait est qu'il nous fait l'ouvrage d'un homme. Et toujours prêt à marcher; jamais fatigué.

— Pas comme moi à son âge », dit Frédéric en souriant.

Il devint pensif; le passé lui revenait.

M. GEORGEY.

Allons, maréchal des logis, pas parler dé dix-sept ans. Parlé dé vingt-deux, c'était plus agréable. Voyez, papa Bonarde, combien votre garçon il était superbe. Et ses magnifiques galons ! Et moi qui voyais arriver lé galons sur mon toit.

BONARD.

Comment, sur votre toit ? Quel toit ?

M. GEORGEY.

C'était lé toiture du colonel. Jé voyais dé mon lunette. Il sé battait furieusement ! C'était beau ! magnifique ! Fridric il tapait sur les Mauricauds ! Les Mauricauds, ils tombaient, ils tortillaient. C'étaient lé serpents contre les lions. Et Fridric était après brigadier. Et une autre combattement, il était maréchal des logis. »

Frédéric voulut changer de conversation, mais M. Georgey revenait toujours aux batailles, aux traits de bravoure, aux hauts faits de Frédéric ; le père était tout oreille pour M. Georgey ; la mère était tout yeux pour son fils.

Quand on eut bien causé, bien questionné et bien dîné, quand Frédéric eut bien fait connaître ce qu'il devait à son excellent protecteur, sauf l'affaire du conseil de guerre que M. Georgey l'avait engagé à ne confier qu'à sa mère, Bonard voulut faire voir son maréchal des logis dans le bourg. Il lui proposa d'aller chez M. le curé.

M. GEORGEY.

Et aussi, jé voulais avoir lé logement pour moi. Quoi faisait Caroline ?

MADAME BONARD.

Votre logement est tout prêt, Monsieur ; nous avons une belle chambre pour vous à la ferme ; grâce aux douze mille francs que vous avez laissés à Julien, grâce à votre générosité envers lui et envers nous, nous avons bien agrandi et amélioré la maison. Si vous désirez avoir Caroline, elle viendra très volontiers ; elle est chez sa mère, elles font des gants.

M. GEORGEY.

Oh! *yes!* Jé voulais très bien. Jé voulais voir mon logement chez vous. »

M. Georgey fut promené dans toute la maison. Il y avait en haut deux grandes et belles chambres ; Julien en avait une près de lui ; il en restait deux, pour Caroline et pour quelque autre visiteur. En bas demeuraient Bonard et sa femme et Frédéric.

En redescendant dans la salle, Frédéric jeta un regard furtif du côté de l'ancienne armoire brisée ; il vit avec une vive satisfaction qu'elle n'y était plus. M. Georgey, après le départ de Frédéric, avait acheté un beau dressoir-buffet qui avait remplacé l'armoire fatale, brûlée par son ordre.

Pendant plusieurs jours Bonard triomphant mena son fils chez toutes ses connaissances et dans la ville, où il cherchait tous les prétextes possibles pour le faire passer devant la demeure des gendarmes ; les galons de Frédéric lui valaient le salut militaire des simples gendarmes et une poignée de main du brigadier. Le père saluait avec son fils et s'arrêtait volontiers pour causer et dire un mot des combats racontés par Georgey.

Frédéric ne voulut pourtant pas rester oisif : il travailla comme Julien et son père ; ce fut pour Bonard un avantage réel ; il ne prenait plus d'ouvrier, tout le travail se faisait entre eux.

Caroline, qui était rentrée avec joie chez son ancien maître, aidait Mme Bonard dans les soins du ménage et ceux du bétail.

M. Georgey vivait heureux comme un roi, entouré de gens qu'il aimait et qui éprouvaient pour lui autant d'affection que de reconnaissance. Il résolut de se fixer dans le pays. Il acheta tout près des Bonard une jolie habitation au bord d'une rivière très poissonneuse où il pouvait se donner le plaisir de la pêche, et dont il voulut profiter pour y établir une usine. Caroline devint sa femme de ménage sous la direction de sa mère, qui était entrée avec elle au service de M. Georgey.

La fin du congé de Frédéric approchait, il ne restait plus que trois mois de cette bonne vie de famille; il regrettait souvent de ne pouvoir la continuer jusqu'à la fin de sa vie.

« Mais, disait-il, il faut que je fasse mon temps; j'ai encore trois années de service. »

Mme Bonard pleurait; Frédéric cherchait à la distraire, mais plus le moment approchait, plus la tristesse augmentait, et plus Frédéric se sentait disposé à la partager.

« Ah! si j'avais dix-huit ans, disait Julien, comme je partirais à ta place! Et avec quel bonheur je vous donnerais à tous ce témoignage de ma reconnaissance.

FRÉDÉRIC.

Tu aimerais donc la vie de soldat?

JULIEN.

Non, pas à présent. Mais si c'était pour t'en débarrasser, je l'aimerais plus que tout autre état. »

M. Georgey ne disait rien; quelquefois il vantait l'état militaire.

« C'était si magnifique! disait-il. C'était si glorieux! »

Un jour, au moment du dîner, M. Georgey présenta une lettre à Frédéric.

M. GEORGEY.

C'était lé colonel; il demandait lé nouvelles de ta santé.

FRÉDÉRIC.

Que c'est bon à lui! Excellent colonel!

JULIEN.

Qu'est-ce qu'il te dit? Lis-nous cela.

FRÉDÉRIC.

« Mon cher Bonard, je t'expédie ta libération du service et la croix que tu as si bien gagnée. Je veux te donner moi-même cette bonne nouvelle et te dire que je te regrette, toi qui étais une des gloires du régiment; tes chefs et tes camarades te regrettent comme moi. Mais puisque le médecin déclare, d'après ce que me dit Georgey, que tu ne peux retourner en Afrique sans danger pour ta vie, je n'hésite pas à t'accorder ta libération du service. La voici bien en règle. Adieu, mon ami; j'espère bien te revoir en pékin un jour ou l'autre.

« Ton ancien colonel du 102ᵉ chasseurs d'Afrique,

« BERTRAND DUGUESCLIN. »

Frédéric eut de la peine à aller jusqu'au bout; la joie, la surprise, la reconnaissance lui étranglaient la voix. Quand il eut fini, il regarda

M. Georgey qui souriait, et, se levant, il prit une de ses mains, la serra vivement et la porta à ses lèvres. Il voulut parler, mais il ne put articuler une parole; de grosses larmes coulaient de ses yeux. M. Georgey se leva, le serra dans ses bras.

M. GEORGEY.

C'était rien; ce était rien! Jé n'avais pas beaucoup de peine à faire lé chose. Seulement, j'avais fait dé écritures. Madame Bonard, il était bien joyeux.

MADAME BONARD.

Oh! Monsieur! notre cher et respectable bienfaiteur! Comment vous remercier? Que faire pour vous témoigner notre reconnaissance?

M. GEORGEY.

Il fallait être bien heureuse et puis donner un pitit portion amitié pour le pauvre Georgey tout seul, sans famille.

— Nous serons toujours vos plus sincères amis, vos serviteurs dévoués; nous vous ferons une famille, cher, excellent bienfaiteur, répondit Mme Bonard en se jetant à ses genoux. Vous avez rendu le fils à sa mère. La mère n'oubliera jamais ce qu'elle vous doit. »

La joie de Bonard était à son comble; voir son fils décoré et sergent, le voir rester au pays et jouir sans cesse de sa gloire comblait tous ses vœux.

A partir de ce jour, ce fut un bonheur sans mélange; jamais M. Georgey n'éprouva le désir de quitter ses amis et de reprendre ses anciennes relations. Il trouvait au milieu des Bonard tout

La joie de Bonard était à son comble.

ce qu'il avait désiré, du calme, de l'affection, des sentiments honorables, des goûts simples, une reconnaissance sans bornes.

Il a augmenté sa maison d'une jeune sœur de Caroline, bonne active et agréable; elle a dix-neuf ans. Frédéric trouve en elle les qualités nécessaires au bonheur intérieur. Mme Bonard désire vivement l'avoir pour belle-fille. M. Georgey dit sans cesse des paroles qu'il croit fines et qui désignent clairement que ce mariage lui serait fort agréable. Frédéric sourit, Pauline rougit et ne paraît pas mécontente; tout le monde s'attend à voir une noce avant deux mois.

Frédéric a vingt-quatre ans; il aura du bien, il est beau garçon, religieux, laborieux. Depuis la mort de son *mauvais génie*, comme il appelait Alcide, il n'a jamais failli. Il sera bon mari et bon père, car il est bon fils, bon ami et surtout bon chrétien.

Julien compte passer sa vie près de ses bienfaiteurs, qui espèrent le garder toujours. Il parle souvent avec M. Georgey de l'avantage qu'il y aurait à profiter de la petite rivière qui traverse sa propriété, pour établir une fabrique de fil de fer et de laiton. M. Georgey ne dit pas non; il sourit, il fait des plans qu'il explique à Julien, et ils passent des soirées entières à former des projets qui seront probablement exécutés bientôt.

P.-S. J'apprends que Frédéric est marié depuis huit jours, que M. Georgey a donné en présent de noces à Frédéric la somme de dix mille francs, et cinq mille à Pauline. Il a commencé à construire une manufacture dont il donnera la direction et les produits à *petite Juliène*.

Ils sont tous aussi heureux qu'on peut l'être en ce monde.

TABLE

I.	Une dinde perdue	1
II.	Deux dindes perdues	9
III.	L'Anglais et Alcide	23
IV.	Raclée bien méritée	39
V.	Tous les turkeys	57
VI.	Les pièces d'or de M. Georgey	67
VII.	Dîner de M. Georgey	83
VIII.	Fausseté d'Alcide	101
IX.	Il a Julien	113
X.	Le complot	123
XI.	Départ pour la foire	135
XII.	Vol audacieux	143
XIII.	Terreur de Mme Bonard	155
XIV.	Dîner au café	165
XV.	Réveil et retour de Julien	177
XVI.	Les montres et les chaînes	185
XVII.	Les gendarmes et M. Georgey	199
XVIII.	Colère de Bonard	209
XIX.	La maladie	225
XX.	L'engagement	235
XXI.	Les adieux	251

XXII.	Les mauvais camarades	261
XXIII.	Le mauvais génie	273
XXIV.	Les prisonniers	281
XXV.	Visite agréable	291
XXVI.	Conseil de guerre	305
XXVII.	Bataille et victoire	321
XXVIII.	Le retour	327

33764. — Typographie A. Lahure, rue de Fleurus, 9, à Paris.

BIBLIOTHÈQUE ROSE ILLUSTRÉE

FORMAT IN-16, A 2 FR. 25 C. LE VOLUME

La reliure en percaline rouge, tranches dorées, se paye en sus 1 fr. 25

1re SÉRIE. — POUR LES ENFANTS DE 4 A 8 ANS

Anonyme : *Chien et Chat*; 5e édition, traduit de l'anglais par Mme A. Dibarrart. 1 vol. avec 45 gravures d'après E. Bayard.

— *Douze histoires pour les enfants de quatre à huit ans*, par une mère de famille; 3e édit. 1 vol. avec 18 grav. d'après Bertall.

— *Les enfants d'aujourd'hui*, par la même; 3e édit. 1 vol. avec 40 grav. d'après Bertall.

Carraud (Mme) : *Historiettes véritables*, pour les enfants de quatre à huit ans; 6e édition. 1 vol. avec 94 grav. d'après Fath.

Fath (G.) : *La sagesse des enfants*, proverbes; 4e édit. 1 vol. avec 100 grav. d'après l'auteur.

Laroque (Mme) : *Grands et petits*; 1 vol. avec 61 gravures d'après Bertall.

Marcel (Mme J.) : *Histoire d'un cheval de bois*; 4e édit. 1 vol. imprimé en gros caractères, avec 20 gravures d'après E. Bayard.

Pape-Carpantier (Mme) : *Histoires et leçons de choses pour les enfants*; 12e édit. 1 vol. avec 85 gravures d'après Bertall.

Ouvrage couronné par l'Académie française.

Perrault, Mmes d'Aulnoy et Leprince de Beaumont : *Contes de fées*. 1 volume avec 65 gravures d'après Bertall, Forest, etc.

Porchat (L.) : *Contes merveilleux*; 5e édit. 1 vol. avec 21 gravures d'après Bertall.

Schmid (Le chanoine) : *190 contes pour les enfants*, trad. de l'allemand par A. Van Hasselt; 7e édit. 1 vol. avec 29 grav. d'après Bertall.

Ségur (Mme de) : *Nouveaux contes de fées*; nouvelle édition. 1 vol. avec 46 gravures d'après G. Doré et J. Didier.

2e SÉRIE. — POUR LES ENFANTS DE 8 A 14 ANS

Alcott (Miss) : *Sous les lilas*, traduit de l'anglais par Mme Lepage; 2e édition. 1 volume avec 23 gravures.

Andersen : *Contes choisis*, trad. du danois par Soldi; 9e édition. 1 vol. avec 40 gravures d'après Bertall.

Anonyme : *Les fêtes d'enfants*, scènes et dialogues; 5ᵉ édition. 1 vol. avec 41 gravures d'après Foulquier.

Assollant (A.) : *Les aventures merveilleuses mais authentiques du capitaine Corcoran*; 8ᵉ édit. 2 vol. avec 50 grav. d'après A. de Neuville.

Barrau (Th.) : *Amour filial*; 5ᵉ édition. 1 vol. avec 41 gravures d'après Ferogio.

Bawr (Mme de) : *Nouveaux contes*; 6ᵉ édition. 1 vol. avec 40 gravures d'après Bertall.
Ouvrage couronné par l'Académie française.

Belèze : *Jeux des adolescents*; 6ᵉ édition. 1 vol. avec 140 gravures.

Berquin : *Choix de petits drames et de contes*; 2ᵉ édition. 1 vol. avec 36 gravures d'après Foulquier, etc.

Berthet (E.) : *L'enfant des bois*; 8ᵉ édition. 1 vol. avec 61 gravures.
— *La petite Chailloux*. 1 vol. avec 44 gravures d'après Bayard et J. Fraipont.

Blanchère (De la) : *Les aventures de La Ramée et de ses trois compagnons*; 4ᵉ édit. 1 vol. avec 36 gravures d'après E. Forest.
— *Oncle Tobie le pêcheur*; 3ᵉ édit. 1 vol. avec 80 gravures d'après Foulquier et Mesnel.

Boiteau (P.) : *Légendes recueillies ou composées pour les enfants*; 3ᵉ édition. 1 vol. avec 42 gravures d'après Bertall.

Carpentier (Mlle) : *La maison du bon Dieu*; 2ᵉ édit. 1 vol. avec 58 gravures d'après Riou.
— *Sauvons-le!* 2ᵉ édition. 1 vol. avec 40 gravures d'après Riou.
— *Le secret du docteur*, ou la Maison fermée; 2ᵉ édition. 1 vol. avec 43 gravures d'après Girardet.
— *La tour du Preux*. 1 vol. avec 60 gravures d'après Tofani.
— *Pierre le Tors*. 1 vol. avec 56 gravures d'après E. Zier.
— *La dame bleue*. 1 vol. avec 49 gravures d'après E. Zier.

Carraud (Mme) : *La petite Jeanne*; 10ᵉ édit. 1 vol. avec 21 gravures d'après Forest.
Ouvrage couronné par l'Académie française.
— *Les métamorphoses d'une goutte d'eau*. 5ᵉ édition. 1 vol. avec 50 gravures d'après E. Bayard.

Castillon (A.) : *Récréations physiques*; 8ᵉ édition. 1 vol. avec 36 grav. d'après Castelli.
— *Récréations chimiques*; 5ᵉ édit. 1 vol. avec 34 grav. d'après H. Castelli.

Cazin (Mme) : *Les petits montagnards*; 2ᵉ édition. 1 vol. avec 51 grav. d'après G. Vuillier.
— *Un drame dans la montagne*; 2ᵉ édit. 1 vol. avec 33 gravures d'après G. Vuillier.
— *Histoire d'un pauvre petit*. 1 vol. avec 60 gravures d'après Tofani.
— *L'enfant des Alpes*; 2ᵉ édition. 1 vol. avec 33 gravures d'après Tofani.
Ouvrage couronné par l'Académie française.
— *Perlette*. 1 vol. avec 54 gravures d'après Myrbach.
— *Les saltimbanques*, scènes de la montagne. 1 vol. avec 65 gravures d'après Girardet.
— *Le petit chevrier*. 1 vol. avec 39 gravures d'après Vuillier.
— *Jean le Savoyard*. 1 vol. avec 51 grav. d'après Slom.
— *Les orphelins bernois*. 1 vol. avec 58 gravures d'après E. Girardet.

Chabreul (Mme de) : *Jeux et exercices des jeunes filles*; 6ᵉ édition. 1 vol. avec la musique des rondes et 55 gravures d'après Fath.

Chéron de la Bruyère (Mme) : *Giboulée*. 1 vol. illustré de 24 gravures d'après Zier.

Cim (Albert) : *Mes amis et moi*. 1 vol. avec 16 grav. d'après Ferdinandus et Slom.
— *Entre camarades*. 1 vol. illustré de 20 gravures d'après Ferdinandus.

Colet (Mme L.) : *Enfances célèbres*; 12ᵉ édit. 1 vol. avec 57 gravures d'après Foulquier.

Colomb (Mme J.) : *Souffre-Douleur*. 1 vol. avec 49 gravures d'après Mlle Lancelot.

Contes anglais, traduits par Mme de Witt. 1 vol. avec 43 gravures d'après E. Morin.

Deschamps (F.) : *Mon amie Georgette*. 1 vol. illustré de 43 gravures d'après Robaudi.

— *Mon ami Jean*. 1 vol. illustré de 40 gravures d'après Robaudi.

Deslys (Ch.) : *Grand'maman*. 1 vol. avec 29 gravures d'après Ed. Zier.

Edgeworth (Miss) : *Contes de l'adolescence*. 1 vol. avec 42 gravures d'après Morin.

— *Contes de l'enfance*. 1 vol. avec 27 gravures d'après Foulquier.

— *Demain*, suivi de *Mourad le malheureux*. 1 vol. avec 55 gravures d'après Bertall.

Fath (G.) : *Bernard, la gloire de son village*. 1 vol. avec 56 gravures d'après l'auteur.

Ouvrage couronné par l'Académie française.

Fleuriot (Mlle Z.) : *Le petit chef de famille*; 9ᵉ édit. 1 vol. avec 57 grav. d'après Castelli.

— *Plus tard*, ou le Jeune Chef de famille; 6ᵉ édit. 1 vol. avec 60 grav. d'après E. Bayard.

— *Un enfant gâté*; 4ᵉ édition. 1 vol. avec 48 gravures d'après Ferdinandus.

— *Tranquille et Tourbillon*; 3ᵉ édition. 1 vol. avec 45 gravures d'après C. Delort.

— *Cadette*; 3ᵉ édit. 1 vol. avec 25 grav. d'après Tofani.

— *En congé*; 6ᵉ édit. 1 vol. avec 61 gravures d'après A. Marie.

— *Bigarrette*; 6ᵉ édit. 1 vol. avec 55 gravures d'après A. Marie.

— *Bouche-en-Cœur*; 3ᵉ édition. 1 vol. avec 45 gravures d'après Tofani.

— *Gildas l'Intraitable*; 2ᵉ édit. 1 vol. avec 56 gravures d'après E. Zier.

— *Parisiens et montagnards*. 1 vol. avec 49 gravures d'après E. Zier.

Foe (De) : *La vie et les aventures de Robinson Crusoé*, édit. abrégée. 1 vol. avec 40 grav.

Fonvielle (W. de) : *Néridah*. 9 vol. avec 40 gravures d'après Sahib.

Fresneau (Mme), née Ségur : *Comme les grands!* 1 vol. avec 46 grav. d'après Ed. Zier.

— *Thérèse à Saint-Domingue*. 1 vol. avec 49 gravures d'après Tofani.

— *Les protégés d'Isabelle*. 1 vol. avec 50 grav.

— *Deux abandonnées*. 1 vol. illustré de 42 gravures d'après M. Orange.

Froment : *Petit-Prince*. 1 vol. illustré de 5 gravures d'après Vogel.

Genlis (Mme de) : *Contes moraux*. 1 vol. avec 40 gravures d'après Foulquier, etc.

Gérard (A.) : *Petite Rose*. — *Grande Jeanne*. 1 vol. avec 28 gravures d'après C. Gilbert.

Girardin (J.) : *La disparition du grand Krause*; 2ᵉ édition. 1 vol. avec 70 gravures d'après Kauffmann.

Giron (Aimé) : *Ces pauvres petits!* 2ᵉ édition. 1 vol. avec 22 grav. d'après B. de Monvel, etc.

Gouraud (Mlle J.) : *Les enfants de la ferme*; 5ᵉ édit. 1 vol. avec 59 grav. d'après E. Bayard.

— *Le livre de maman*; 4ᵉ édition. 1 vol. avec 68 gravures d'après E. Bayard.

— *Cécile*, ou la Petite Sœur; 7ᵉ édition. 1 vol. avec 26 gravures d'après Desandré.

— *Lettres de deux poupées*; 6ᵉ édition. 1 vol. avec 59 grav. d'après Olivier.

— *Le petit colporteur*; 6ᵉ édition. 1 vol. avec 27 gravures d'après A. de Neuville.

— *Les mémoires d'un petit garçon*; 9ᵉ édit. 1 vol. avec 86 gravures d'après E. Bayard.

— *Les mémoires d'un caniche*; 9ᵉ édition. 1 vol. avec 75 gravures d'après E. Bayard.

Gouraud (Mlle J.) (suite) : *L'enfant du guide*; 6ᵉ édition. 1 vol. avec 60 gravures d'après E. Bayard.

— *Petite et grande*; 4ᵉ édition. 1 vol. avec 48 gravures d'après E. Bayard.

— *Les quatre pièces d'or*; 5ᵉ édition. 1 vol. avec 51 gravures d'après E. Bayard.

— *Les deux enfants de Saint-Domingue*; 4ᵉ édit. 1 vol. avec 54 grav. d'après E. Bayard.

— *La petite maîtresse de maison*; 5ᵉ édit. 1 vol. avec 37 gravures d'après A. Marie.

— *Les filles du professeur*; 3ᵉ édit. 1 vol. avec 36 gravures d'après Kauffmann.

— *La famille Harel*; 2ᵉ édit. 1 vol. avec 48 gravures d'après Valnay et Ferdinandus.

— *Aller et retour*; 2ᵉ édition. 1 vol. avec 40 gravures d'après Ferdinandus.

— *Les petits voisins*; 2ᵉ édition. 1 vol. avec 39 gravures d'après C. Gilbert.

— *Chez grand'mère*; 2ᵉ édition. 1 vol. avec 98 gravures d'après Tofani.

— *Le petit bonhomme*. 1 vol. avec 45 gravures d'après Ferdinandus.

— *Le vieux château*. 1 vol. avec 28 gravures d'après E. Zier.

— *Pierrot*. 1 vol. avec 31 grav. d'après Zier.

— *Minette*. 1 vol. avec 52 grav. d'après Tofani.

— *Quand je serai grande*. 1 vol. avec 36 gravures d'après Ferdinandus.

Grimm (Les frères) : *Contes choisis*, trad. de l'allemand. 1 vol. avec 40 grav. d'après Bertall.

Hauff : *La caravane*, trad. de l'allemand, 5ᵉ édition. 1 vol. avec 40 grav. d'après Bertall.

— *L'auberge du Spessart*, 5ᵉ édition. 1 vol. avec 61 grav. d'après Bertall.

Hawthorne : *Le livre des merveilles*, trad. de l'anglais; 3ᵉ édit. 2 vol. avec 40 grav. d'après Bertall.

Johnson : *Dans l'extrême Far West*, traduit de l'anglais par A. Talandier; 2ᵉ édition. 1 vol. avec 20 gravures d'après A. Marie.

Marcel (Mme J.) : *L'école buissonnière*; 4ᵉ édit. 1 vol. avec 20 gravures d'après A. Marie.

— *Le bon frère*; 4ᵉ édition. 1 vol. avec 21 gravures d'après E. Bayard.

— *Les petits vagabonds*; 4ᵉ édition. 1 vol. avec 25 gravures d'après E. Bayard.

— *Histoire d'une grand'mère et de son petit-fils*. 1 vol. avec 36 gravures d'après Delort.

— *Daniel*; 2ᵉ édition. 1 vol. avec 45 gravures d'après Gilbert.

— *Le frère et la sœur*. 1 vol. avec 45 gravures d'après E. Zier.

— *Un bon gros pataud*. 1 vol. avec 46 gravures d'après Jeanniot.

— *Un bon oncle*. 1 vol. avec 56 grav. d'après F. Régamey.

Maréchal (Mlle) : *La dette de Ben-Aïssa*; 4ᵉ édit. 1 vol. avec 20 grav. d'après Bertall.

— *Nos petits camarades*; 2ᵉ édition. 1 vol. avec 18 gravures d'après E. Bayard et H. Castelli.

— *La maison modèle*; 3ᵉ édition. 1 vol. avec 42 gravures d'après Sahib.

Marmier : *L'arbre de Noël*; 4ᵉ édition. 1 vol. avec 68 gravures d'après Bertall.

Martignat (Mlle de) : *Les vacances d'Élisabeth*; 3ᵉ édit. 1 vol. avec 46 grav. d'après Kauffmann.

— *L'oncle Boni*; 2ᵉ édition. 1 vol. avec 42 gravures d'après Gilbert.

— *Ginette*; 2ᵉ édit. 1 vol. avec 50 gravures d'après Tofani.

— *Le manoir d'Yolan*; 2ᵉ édition. 1 vol. avec 56 gravures d'après Tofani.

— *Le pupille du général*. 1 vol. avec 40 gravures d'après Tofani.

Martignat (Mlle de) (suite) : *L'héritière de Maurivèze*, 1 vol. avec 41 gravures d'après Poirson.

— *Une vaillante enfant*; 2ᵉ édit. 1 vol. avec 43 gravures d'après Tofani.

— *Une petite nièce d'Amérique*. 1 vol. avec 43 gravures d'après Tofani.

— *La petite fille du vieux Thémi*. 1 vol. avec 44 gravures d'après Tofani.

Mayne-Reid (Le capitaine) : Œuvres traduites de l'anglais :

— *Les chasseurs de girafes*. 1 vol. avec 10 gravures d'après A. de Neuville.

— *A fond de cale*, voyage d'un jeune marin à travers les ténèbres. 1 vol. avec 12 grandes gravures.

— *A la mer!* 1 vol. avec 12 grandes gravures.

— *Bruin, ou les Chasseurs d'ours*. 1 vol. avec 8 grandes gravures.

— *Le chasseur de plantes*. 1 vol. avec 12 grandes gravures.

— *Les exilés dans la forêt*. 1 vol. avec 12 grandes gravures.

— *L'habitation du désert, ou Aventures d'une famille perdue dans les solitudes de l'Amérique*. 1 vol. avec 23 grandes gravures d'après G. Doré.

— *Les grimpeurs de rochers*, suite du *Chasseur de plantes*. 1 vol. avec 20 grandes gravures.

— *Les peuples étranges*. 1 vol. avec 8 gravures.

— *Les vacances des jeunes Boers*. 1 vol. avec 12 grandes gravures.

— *Les veillées de chasse*. 1 vol. avec 45 gravures d'après Freeman.

— *La chasse au Léviathan*. 1 vol. avec 51 gravures d'après Ferdinandus et Weber.

— *Les naufragés de la Calypso*. 1 vol. avec 55 gravures d'après Pranishnikoff.

Meyners d'Estrey : *Les aventures de Gérard Hendriks à la recherche de son frère*. 1 vol. illustré de 15 gravures d'après Mme P. Crampel.

— *Au pays des diamants*. 1 vol. illustré de gravures d'après Riou.

Moussac (Mme la marquise de) : *Popo et Lili, histoire de deux jumeaux*. 1 vol. avec 58 grav. d'après Zier.

Muller (E.) : *Robinsonnette*; 4ᵉ édition. 1 vol. avec 29 gravures d'après Lix.

Peyronny (Mme de) : *Deux cœurs dévoués*; 4ᵉ édit. 1 vol. avec 58 grav. d'après Devaux.

Pitray (Mme de) : *Les enfants des Tuileries*; 4ᵉ édit. 1 vol. avec 29 grav. d'après E. Bayard.

— *Les débuts du gros Philéas*; 4ᵉ édition. 1 vol. avec 57 gravures d'après H. Castelli.

— *Le château de la Pétaudière*; 3ᵉ édition. 1 vol. avec 78 gravures d'après A. Marie.

— *Le fils du maquignon*; 2ᵉ édition. 1 vol. avec 05 gravures d'après Riou.

— *Petit Monstre et Poule Mouillée*; 6ᵉ mille. 1 vol. avec 36 gravures d'après E. Girardet.

— *Robin des Bois*. 1 vol. avec 40 gravures d'après Sirouy.

— *L'usine et le château*. 1 vol. avec 44 grav. d'après Robaudi.

— *L'arche de Noé*. 1 vol. illustré d'après Robaudi.

Rendu (V.) : *Mœurs pittoresques des insectes*. 1 vol. avec 49 gravures.

Sandras (Mme) : *Mémoires d'un lapin blanc*; 5ᵉ édit. 1 vol. avec 20 grav. d'après E. Bayard.

Sannois (Mme de) : *Les soirées à la maison*; 3ᵉ édit. 1 vol. avec 42 grav. d'après E. Bayard.

Ségur (Mme de) : *Après la pluie le beau temps*; nouvelle édition. 1 vol. avec 128 gravures d'après E. Bayard.

— *Comédies et proverbes*; nouvelle édition. 1 vol. avec 60 gravures d'après E. Bayard.

— *Diloy le Chemineau*; nouvelle édition. 1 vol. avec 90 gravures d'après H. Castelli.

— *François le Bossu*; nouvelle édition. 1 vol. avec 114 gravures d'après E. Bayard.

Ségur (Mme de) (suite) : *Jean qui grogne et Jean qui rit*, nouvelle édition. 1 vol. avec 70 grav. d'après H. Castelli.

— *La fortune de Gaspard* ; nouvelle édit. 1 vol. avec 32 gravures d'après Gerlier.

— *La sœur de Gribouille* ; nouvelle édition. 1 vol. avec 72 gravures d'après Castelli.

— *Pauvre Blaise* ; nouvelle édition. 1 vol. avec 96 gravures d'après H. Castelli.

— *Quel amour d'enfant!* nouvelle édition. 1 vol. avec 79 gravures d'après E. Bayard.

— *Un bon petit diable* ; nouvelle édition. 1 vol. avec 100 gravures d'après Castelli.

— *Le mauvais génie* ; nouvelle édition. 1 vol. avec 90 gravures d'après E. Bayard.

— *L'auberge de l'Ange-Gardien* ; nouvelle édition. 1 vol. avec 75 grav. d'après Foulquier.

— *Le général Dourakine* ; nouvelle édition. 1 vol. avec 100 gravures d'après E. Bayard.

— *Les bons enfants* ; nouvelle édition. 1 vol. avec 70 grav. d'après Ferogio.

— *Les deux nigauds* ; nouvelle édition. 1 vol. avec 70 grav. d'après Castelli.

— *Les malheurs de Sophie* ; nouvelle édition. 1 vol. avec 48 gravures d'après Castelli.

— *Les petites filles modèles* ; nouvelle édition. 1 vol. avec 21 grandes gravures d'après Bertall.

— *Les vacances* ; nouvelle édition. 1 vol. avec 36 gravures d'après Bertall.

— *Mémoires d'un âne* ; nouvelle édition. 1 vol. avec 75 gravures d'après Castelli.

Stolz (Mme de) : *La maison roulante* ; 7e édit. 1 vol. avec 20 gravures d'après E. Bayard.

— *Le trésor de Nanette* ; 6e édition. 1 vol. avec 25 gravures d'après E. Bayard.

— *Blanche et Noire* ; 4e édition. 1 vol. avec 54 gravures d'après E. Bayard.

— *Par-dessus la haie* ; 4e édition. 1 vol. avec 50 gravures d'après A. Marie.

Stolz (Mme de) (suite) : *Les poches de mon oncle* ; 5e édition. 1 vol. avec 20 gravures d'après Bertall.

— *Les vacances d'un grand-père* ; 4e édition. 1 vol. avec 40 gravures d'après G. Delafosse.

— *Le vieux de la forêt* ; 3e édition. 1 vol. avec 40 gravures d'après Sahib.

— *Les deux reines* ; 2e édit. 1 vol. avec 32 gravures d'après Delort.

— *Les mésaventures de Mlle Thérèse* ; 3e édition. 1 vol. avec 29 gravures d'après Charles.

— *Les frères de lait* ; 2e édition. 1 vol. avec 42 gravures d'après E. Zier.

— *Magali* ; 2e éd. 1 vol. avec 36 grav. d'après Tofani.

— *Les deux André*. 1 vol. avec 45 gravures d'après Tofani.

— *Deux tantes*. 1 vol. avec 43 gravures d'après Ed. Zier.

— *Violence et bonté*. 1 vol. avec 36 gravures d'après Tofani.

— *L'embarras du choix*. 1 vol. avec 40 gravures d'après Tofani.

— *Petit Jacques*. 1 vol. avec 48 gravures d'après Tofani.

— *La famille Coquelicot*. 1 vol. illustré de 30 gravures d'après Jeanniot.

Swift : *Voyages de Gulliver*, traduits de l'anglais et abrégés à l'usage des enfants. 1 vol. avec 57 gravures d'après G. Delafosse.

Tournier : *Les premiers chants*, poésies à l'usage de la jeunesse ; 2e édition. 1 vol. avec 20 gravures d'après Gustave Roux.

Verley : *Miss Fantaine*. 1 vol. avec 36 grav. d'après Zier.

Vimont (Ch.) : *Histoire d'un navire* ; 8e édit. 1 vol. avec 40 grav. d'après Alex. Vimont.

Witt (Mme de), née Guizot : *Enfants et parents* ; 4e édition. 1 vol. avec 34 gravures d'après A. de Neuville.

— *La petite fille aux grand'mères* ; 4e édit. 1 vol. avec 36 gravures d'après Beau.

— *En quarantaine, jeux et récits* ; 2e édit. 1 vol. avec 48 gravures d'après Ferdinandus.

3ᵉ SÉRIE. — POUR LES ADOLESCENTS
ET POUVANT FORMER UNE BIBLIOTHÈQUE POUR LES JEUNES FILLES DE 14 A 18 ANS

VOYAGES

Agassiz (M. et Mme) : *Voyage au Brésil*, traduit et abrégé par J. Belin-de Launay; 3ᵉ édition. 1 vol. avec 15 gravures et 1 carte.

Aunet (Mme d') : *Voyage d'une femme au Spitzberg*; 6ᵉ édit. 1 vol. avec 34 gravures.

Baines : *Voyages dans le sud-ouest de l'Afrique*, traduits et abrégés par J. Belin-de Launay; 2ᵉ édit. 1 vol. avec 22 grav. et 1 carte.

Baker : *Le lac Albert*. Nouveau voyage aux sources du Nil, abrégé par J. Belin-de Launay; 2ᵉ édit. 1 vol. avec 16 grav. et 1 carte.

Baldwin : *Du Natal au Zambèze*, 1851-1866. Récits de chasses, abrégés par J. Belin-de Launay; 3ᵉ édit. 1 vol. avec 24 grav. et 1 carte.

Burton (Le capitaine) : *Voyages à la Mecque, aux grands lacs d'Afrique et chez les Mormons*, abrégés par J. Belin-de Launay; 2ᵉ édit. 1 vol. avec 12 gravures et 3 cartes.

Catlin : *La vie chez les Indiens*, traduite de l'anglais; 6ᵉ édition. 1 vol. avec 25 gravures.

Ponvielle (W. de) : *Le glaçon du Polaris*. aventures du capitaine Tyson; 3ᵉ édit. 1 vol. avec 19 gravures et 1 carte.

Hayes (Dʳ) : *La mer libre du pôle*, traduite par F. de Lanoye et abrégée par J. Belin-de Launay; 2ᵉ édition. 1 vol. avec 14 gravures et 1 carte.

Hervé et de Lanoye : *Voyage dans les glaces du pôle arctique*; 6ᵉ édition. 1 vol. avec 40 gravures.

Lanoye (F. de) : *Le Nil, son bassin et ses sources*; 4ᵉ édit. 1 vol. avec 32 gravures et cartes.
— *La Sibérie*; 2ᵉ édition. 1 vol. avec 48 gravures d'après Lebreton, etc.
— *Les grandes scènes de la nature*; 5ᵉ édit. 1 vol. avec 40 gravures.
— *La mer polaire*, voyage de l'*Érèbe* et de la *Terreur*; 4ᵉ édit. 1 vol. avec 29 gravures et des cartes.

Livingstone : *Explorations dans l'Afrique australe*, abrégées par J. Belin-de Launay; 5ᵉ édit. 1 vol. avec 20 gravures et 1 carte.
— *Dernier journal*, abrégé par J. Belin-de Launay; 2ᵉ édition. 1 vol. avec 16 gravures et 1 carte.

Mage (L.) : *Voyage dans le Soudan occidental*, abrégé par J. Belin-de Launay; 2ᵉ édit. 1 vol. avec 16 gravures et 1 carte.

Milton et Cheadle : *Voyage de l'Atlantique au Pacifique*, trad. et abrégé par J. Belin-de Launay; 2ᵉ édit. 1 vol. avec 16 grav. et 2 cartes.

Mouhot (Ch.) : *Voyage dans les royaumes de Siam, de Cambodge et de Laos*; 4ᵉ édition. 1 vol. avec 28 gravures et 1 carte.

Palgrave (W. G.) : *Une année dans l'Arabie centrale*, trad. abrégée par J. Belin-de Launay; 2ᵉ édition. 1 vol. avec 12 grav. et 1 carte.

Pfeiffer (Mme) : *Voyages autour du monde*, abrégés par J. Belin-de Launay; 5ᵉ édition. 1 vol. avec 16 gravures et 1 carte.

Piotrowski : *Souvenirs d'un Sibérien*; 3ᵉ édit. 1 vol. avec 10 gravures.

Schweinfurth (Dʳ) : *Au cœur de l'Afrique (1868-1871)*, traduit par Mme H. Loreau, et abrégé par J. Belin-de Launay; 2ᵉ édition. 1 vol. avec 16 gravures et 1 carte.

Speke : *Les sources du Nil*, édition abrégée par J. Belin-de Launay; 3ᵉ édition. 1 vol. avec 24 gravures et 3 cartes.

Stanley : *Comment j'ai retrouvé Livingstone*, trad. par Mme H. Loreau et abrégé par J. Belin-de Launay; 4ᵉ édit. 1 vol. avec 16 gravures et 1 carte.

Vambery : *Voyages d'un faux derviche dans l'Asie centrale*, traduits par E. Forgues, et abrégés par J. Belin-de Launay; 4ᵉ édit. 1 vol. avec 18 gravures et 1 carte.

HISTOIRE

Loyal Serviteur (Le) : *Histoire du gentil seigneur de Bayard*, revue et abrégée, à l'usage de la jeunesse, par Alph. Feillet ; 4e éd. 1 vol. avec 36 gravures d'après P. Sellier.

Monnier (M.) : *Pompéi et les Pompéiens* ; 3e édition, à l'usage de la jeunesse. 1 vol. avec 23 gravures d'après Thérond.

Plutarque : *Vies des Grecs illustres*, édition abrégée par Alph. Feillet, 5e édit. 1 vol. avec 53 gravures d'après P. Sellier.

— *Vies des Romains illustres*, édit. abrégée par Alph. Feillet. 5e édit. 1 vol. avec 69 grav.

Retz (De) : *Mémoires*, abrégés par Alph. Feillet. 1 vol. avec 35 gravures d'après Gilbert.

LITTÉRATURE

Bernardin de Saint-Pierre : *Œuvres choisies*. 1 vol. avec 12 gravures d'après E. Bayard.

Cervantes : *Don Quichotte de la Manche*. 1 vol. avec 64 grav. d'après Bertall et Forest.

Homère : *L'Iliade et l'Odyssée*, traduites par P. Giguet, abrégées par Alph. Feillet. 1 vol. avec 33 gravures d'après Olivier.

Le Sage : *Aventures de Gil Blas*, édition destinée à l'adolescence. 1 vol. avec 50 gravures d'après Leroux.

Mac-Intosh (Miss) : *Contes américains*, traduits par Mme Dionis ; 2e édition. 2 vol. avec 120 gravures d'après E. Bayard.

Maistre (X. de) : *Œuvres choisies*. 1 vol. avec 15 gravures d'après E. Bayard.

Molière : *Œuvres choisies*, abrégées à l'usage de la jeunesse. 2 vol. avec 22 gravures d'après Hillemacher.

Virgile : *Œuvres choisies*, traduites et abrégées à l'usage de la jeunesse, par Th. Barrau et Alph. Feillet. 1 vol. avec 20 gravures d'après les grands peintres, par P. Sellier.

www.ingramcontent.com/pod-product-compliance
Lightning Source LLC
Chambersburg PA
CBHW060322170426
43202CB00014B/2632